Ulrich Wendel

Sieben Worte für das Leben

Ein Begleiter
durch die Passionszeit

SCM R.Brockhaus

SCM
Stiftung Christliche Medien

© 2013 SCM R.Brockhaus im SCM-Verlag GmbH & Co. KG
Bodenborn 43 · 58452 Witten
Internet: www.scm-brockhaus.de; E-Mail: info@scm-brockhaus.de

Soweit nicht anders angegeben, sind die Bibelverse folgender Ausgabe entnommen: Elberfelder Bibel 2006, © 2006 by SCM R.Brockhaus im SCM-Verlag GmbH & Co. KG, Witten sowie Neues Leben. Die Bibel, © Copyright der deutschen Ausgabe 2002 und 2006 by SCM R.Brockhaus im SCM-Verlag GmbH & Co. KG, Witten.

Weiter wurden verwendet:

Lutherbibel, revidierter Text 1984, durchgesehene Ausgabe in neuer Rechtschreibung 2006, © 1999 Deutsche Bibelgesellschaft, Stuttgart. (lut)

Die Einheitsübersetzung der Heiligen Schrift, © 1980 Katholisches Bibelwerk, Stuttgart. (eü)

Bibeltext der Schlachter Bibelübersetzung. Copyright © 2000 Genfer Bibelgesellschaft. Wiedergegeben mit der freundlichen Genehmigung. Alle Rechte vorbehalten. (sch)

Gute Nachricht Bibel, revidierte Fassung, durchgesehene Ausgabe in neuer Rechtschreibung, © 2000 Deutsche Bibelgesellschaft, Stuttgart. (gnb)

Zürcher Bibel, © 2007 Genossenschaft Verlag der Zürcher Bibel beim Theologischen Verlag Züric.h (zb)

Bibeltext der Neuen Genfer Übersetzung. Copyright © 2009 Genfer Bibelgesellschaft, CH-1204 Genf. Wiedergegeben mit der freundlichen Genehmigung. Alle Rechte vorbehalten. (ngü)

Hoffnung für alle ®, Copyright © 1983, 1996, 2002 by Biblica US, Inc., Verwendet mit freundlicher Genehmigung des Verlags. (hfa)

Das Buch. Neues Testament – übersetzt von Roland Werner.
© 2009 SCM R.Brockhaus im SCM-Verlag GmbH & Co. KG, Witten. (db)

Neue evangelistische Übersetzung, bibel.heute, © 2010 Christliche Verlagsgesellschaft, Dillenburg. (neü)

Umschlaggestaltung: Susanne Wittemeier, Düsseldorf
Titelbild: © dtimiraos/iStockphoto.com
Satz: Burkhard Lieverkus, Wuppertal I www.lieverkus.de
Druck und Bindung: CPI – Ebner & Spiegel, Ulm
Gedruckt in Deutschland
ISBN 978-3-417-26523-1
Bestell-Nr. 226.523

Inhalt

7. Woche:

Du musst nach außen gehen, um zur Mitte zu kommen

Samstagnachmittag: Familieneinkauf. Weil jeder von uns vieren etwas anderes braucht, sind wir in die Einkaufsgalerie gefahren: Hunderte von Geschäften auf drei Etagen, Rolltreppen, Glasfassaden innen und außen, überdachte Gänge, wenig frische Luft, Musikfetzen von überall her. Ach ja, und wir sind nicht die Einzigen, die heute einkaufen wollen.

Alle schwärmen aus. Treffpunkt in neunzig Minuten. Schuhe für die Große, eine Jeans für Kerstin, ich brauche eine Tasche und zu allem Überfluss hat unser Elfjähriger seine Spardose geplündert und muss ein Mobiltelefon haben.

Ich bin nach fünf Viertelstunden schon als Erster am Treffpunkt und warte. Ich lehne mich an eine Wand, verschnaufe, der Atem beruhigt sich. Mein Blick geht umher. Nach wenigen Momenten sehe ich Menschen und Dinge, die ich vorher gar nicht wahrnahm. Vorher suchten meine Augen immer nur das nächste Preisschild. Jetzt beobachte ich, wie eine Mutter sich zum Kinderwagen beugt und dem Baby die Flasche gibt. Wie ein Rentner schon zehn Minuten vor diesem Schaufenster steht. Wie eine Verkäuferin immer wieder denselben kurzen Weg zurücklegt, hin und her, wahrscheinlich tausend Mal am Tag. Drei Teenager streifen vorbei, mit großen Wasserflaschen in der Hand.

Ich spüre dem allen nach und merke: Das jetzt hier, das ist das Leben. Jede Szene ist die Momentaufnahme aus einer persönlichen Geschichte. Jeder hier bringt seine kleine Welt mit in die Galerie. Während ich meine Taschen verglich, immer mit dem Seitenblick auf die Armbanduhr, war ich zwar mittendrin, aber gesehen habe ich nichts davon. Erst als ich mich an den Rand stellte, sah ich mehr.

Mir fällt ein, wie ich vor Monaten sonntagmittags auf einen Bus wartete. Die Hauptverkehrsstraße war weniger befahren als in der

Woche. Ich stand an einer Hauswand, blickte mich um und entdeckte auf einmal wunderschöne Hausfassaden, Dachgauben und Erker an den Gründerzeithäusern. Immer schon wohnte jemand da. Mehrere Male in der Woche bin ich mit Bus oder Fahrrad hier entlanggefahren. Doch wie schön auch graue Häuserreihen sein können, hatte ich nie entdeckt. Nicht von der Fahrbahn aus. Erst, als ich am Rand stand.

Ist es nicht oft so? Auch in ernsteren Situationen? Berichten nicht immer wieder Menschen, die schwer erkrankt sind, dass sie zwar an den Rand ihrer Kraft kamen, aber dass dabei plötzlich klar wurde, was eigentlich im Leben zählt? Viele sortieren ihre Prioritäten neu, vertiefen Beziehungen, geben bisherige Ambitionen auf.

Es scheint eine Grunderfahrung zu sein: Du musst nach außen gehen, um zur Mitte zu gelangen.

Am Rand des Lebens

Jesus Christus hat als Mensch mit Fleisch und Blut, mit Haut und Haaren, mit Leib und Seele gelebt. Allen möglichen Menschen ist er begegnet und hat sich mit ihnen verständigt: mit einflussreichen, gebildeten, auch mit benachteiligten und verzweifelten. Als er dann starb, war das kein runder Abschluss eines bis zur Neige ausgekosteten Lebens, sondern er wurde gewaltsam umgebracht. In den letzten Stunden seines Lebens war er buchstäblich am Rand: am Rande außerhalb der Stadt, am Rande seiner Kraft, am Rande wohl auch seiner Vertrauensbeziehung zu Gott.

Die biblischen Berichte überliefern, dass er in diesen letzten Stunden noch sieben Mal gesprochen hat. Diese »Sieben letzten Worte Jesu am Kreuz« sind im Laufe der Jahrhunderte immer wieder bedacht, meditiert, ausgelegt und auch vertont worden. Was Jesus ganz zum Schluss sagte, darin hat man immer eine besonders tiefe Bedeutung gefunden.

Wenn man diese letzten Worte aus den vier Evangelien zusammenstellt, ergibt sich eine große Überraschung: Sie handeln vom

Leben. Der Sterbende hat mitten ins Leben hineingesprochen. Darüber, wie man miteinander auskommt. Welche Sehnsüchte uns antreiben. Wie man einander beistehen kann. Ob man sein Recht allein durchkämpfen muss. Wann man Lebensziele erreicht – und wann man sie fallen lassen muss. Wie man Hunger, Armut und Verletzungen ertragen kann. Was passiert, wenn einem der Glaube wegbricht. Welche Schönheit darin liegt, einem Menschen überraschend neu zu begegnen. Dass Gott nie zu spät kommt. Wie heilsam es ist, andere in ihren Grenzen stehen zu lassen. Wie man über den Abgrund des Todes hinweg nach Hause kommen kann.

Jesus hat vom Rand seines Lebens aus gesprochen, doch seine Worte enthalten die ganze Fülle des Lebens. Es sind keine bloßen Jenseitsgedanken eines Todgeweihten. Deshalb sind sie sehr gut geeignet, das eigene Leben darin spiegeln zu lassen.

Wenn etwas stirbt

Vierzehn Jahre meines Lebens habe ich als Gemeindepastor gearbeitet, als Beruf und aus Berufung, mit allen Höhen und Tiefen. In den letzten eineinhalb Jahren dieser Zeit hatten sich viele Fragen noch einmal verdichtet. Als Leitungsteam hatten wir den Eindruck, dass unserer Gemeinde eine Tür geöffnet war, im Stadtviertel ihre sozialdiakonische Arbeit zu verstärken. Wir versuchten also, die Gemeinde einen großen Schritt weiter auf dieses Ziel hin zu führen. Wir hatten Knospen gesehen, die schon vor Jahrzehnten entstanden waren. Nun schien die Zeit gekommen zu sein, sie zur Blüte zu bringen. Es würden viele Veränderungen nötig sein, um diese neue Möglichkeit in den Mittelpunkt der Gemeindearbeit zu rücken. Aber wir wollten die Chance gerne nutzen. Es schien uns zur Geschichte der Gemeinde und zugleich zum Auftrag von Jesus zu passen.

Es waren spannende und spannungsreiche Monate, als wir für diese Hoffnung warben. Für einige war es überhaupt zur Lebensfrage der Gemeinde geworden. Andere fanden unrealistisch, was die Leitung vorschlug, und hielten es für leichtfertig. Alle sorgten sich um den künftigen Weg der Gemeinde und wollten verantwortungsvoll, mit Weitblick für die Zukunft, entscheiden. Die Schlussfolgerungen waren jedoch unterschiedlich. Die Entscheidung, die es zu treffen galt, lag bei der Gesamtgemeinde, nicht bei der Leitung. Schlussendlich entschied man sich, die Ausrichtung der Gemeinde zu lassen, wie sie war. Das Risiko für eine solch tief greifende Kursänderung schien zu groß.

Wir als Leitung waren gründlich gescheitert. Und in mir selbst war etwas gestorben: die Hoffnung auf einen Aufbruch. Die Freude an einer Gemeinde, die sich in ihren Entscheidungen von Jesus' Auftrag inspirieren ließ. Die Gebete, dass Gott doch Ängste – sie waren verständlich und nicht aus der Luft gegriffen – überwinden könnte. Vieles starb ab in mir.

In der kommenden Zeit sah ich mich vielen Lebensfragen gegenübergestellt. In zahlreichen Gesprächen, in einsamen Einkehrtagen und in seelsorglicher Begleitung kamen Fragen an die Oberfläche: Habe ich wirklich verantwortlich gehandelt? Wie gehe ich jetzt mit den Menschen um, die mir wehgetan haben und die ich enttäuscht habe? Werde ich vergeben können? An wem habe ich etwas versäumt? Welche Ambitionen haben mich eigentlich angetrieben? Welche Beziehungen werden jetzt bleiben, wenn uns eine gemeinsame Hoffnung weggebrochen ist? Was habe ich falsch gemacht? Warum hat Gott – der doch meine Schwächen kennt – mich da nicht stärker hindurchgetragen? Warum blieb mir die Erfahrung von Paulus verwehrt, dass an meinen Grenzen die Kraft von Christus für andere sichtbar wurde?

Am Rande der Hoffnung, an den Grenzen des Scheiterns musste ich mich mit Themen auseinandersetzen, die mitten aus dem Leben kamen. Und sehr viele dieser Fragen hätte ich in die Worte kleiden können, die Jesus am Kreuz ausgesprochen hat: »Warum hast du mich hängen lassen, Gott?« »Ich hatte solchen Durst« nach einem Aufbruch, nach Leidenschaft für Gott und, ja, in dritter Linie vielleicht auch danach, Früchte unserer Arbeit zu sehen. Wie kann ich

»denen vergeben«, die mir falsche Motive unterstellten? »Wussten sie« etwa »gar nicht, was sie taten?« Was von meiner Arbeit ist gescheitert und wo kann ich dennoch sagen: »Es ist vollbracht«?

Zugleich habe ich die Schönheit der Beziehungen erlebt, die Gott schenkt. Menschen waren väterlich oder mütterlich zu mir, als ob Gott gesagt hätte: »Frau, das ist jetzt dein Sohn.« Es tat gut, Dinge aus der Hand zu geben, für die ich nun keine Verantwortung mehr tragen musste. »Vater, das lege ich in deine Hände.« Und das Beste: Jeden Zweifel, jede Frage, jede Dankbarkeit zu Gott hin auszusprechen, so wie Jesus »Vater« und »mein Gott« auch dann sagte, als er sich ihm fern fühlte.

Es gibt quälendere Zeiten und schlimmere Tode, die gestorben werden. Doch für mich waren es in diesen Monaten durchaus Momente, in denen etwas starb. Gerade an ihnen sind die Fragen nach dem Leben aufgebrochen, und ich nehme etwas davon für mein weiteres Leben mit.

Passionszeit: sich dem Leben stellen

Die sieben Wochen der Passionszeit sind seit jeher genutzt worden, um sich neu auszurichten. Das tun auch Menschen abseits von Gott, wenn sie diese Wochen als Fastenzeit gestalten. Glaubende nehmen außerdem das Sterben ihres Retters in den Blick. Dieses Buch entfaltet durch die sieben Wochen der Passionszeit hindurch die Sieben letzten Worte von Jesus am Kreuz – aber der Blick richtet sich dabei nicht vorrangig auf den Tod Jesu. Es sind keine Betrachtungen für Trauernde. Sondern diese Sieben Worte helfen, sich dem Leben zu stellen. Sie beleuchten die unterschiedlichsten Lebensfelder. Dass das gerade in der Passionszeit geschieht, ist eine Hilfe, sich zu konzentrieren und einmal für längere Zeit bei der Sache zu bleiben.

Sieben Wochen mit den Sieben Worten von Jesus leben – auf diese Weise gewinnt die Passionszeit außerordentliche Tiefe. Es sind dann keine Wochen des Verzichtens, auch nicht nur Zeiten, um mit sich selbst ins Reine zu kommen. Es sind nicht Wochen ohne dies oder jenes, sondern Wochen mit: mit Jesus Christus. Sieben Wochen, die mitten ins Leben hinein fragen und das Leben um Jesus als Mitte ordnen.

Jesus' Sieben Worte gingen in drei verschiedene Richtungen. Er betete zu Gott, er sprach Menschen unter dem Kreuz an und er redete zu sich selbst. Damit ist der ganze Kreis des Lebens umgriffen. Auch an diesen Rede-Richtungen wird sichtbar: Der Gekreuzigte zeigt, wie man leben kann, leben soll.

Tagesrationen

Dieses Buch enthält Betrachtungen für jeden Tag der Passionszeit. Nehmen Sie sich dann, wenn Sie eine Viertelstunde für sich allein haben, Zeit zum Lesen. Jede Betrachtung schließt mit einem Impuls, einer Frage oder einem Gebet.

Den Beginn finden Sie heraus, indem Sie im Losungsbuch der Herrnhuter Brüdergemeine den Mittwoch heraussuchen, der auf den Sonntag mit dem Namen »Estomihi« folgt. Er ist mit »Beginn der Passionszeit« überschrieben. Oder Sie schauen einfach im Kalender nach dem »Aschermittwoch«. Er wird – je nach Datum des Osterfestes im jeweiligen Jahr – zwischen dem 3. Februar und dem 11. März liegen. Durch den Beginn am Mittwoch umfasst die erste Woche mit dem ersten Wort am Kreuz keine sieben Tage. Aber das passt gerade zu diesem ersten Jesuswort, das eine Art Auftakt bildet.[1]

Dieses Buch erfüllt seinen Zweck nicht ganz, wenn Sie sich von ihm durch die Passionszeit begleiten lassen. Es erfüllt seinen Zweck erst dann, wenn Sie Jesus Christus als ihren Begleiter erfahren.

Dass das geschieht, wünscht Ihnen von Herzen

Ulrich Wendel

»Vater, vergib ihnen!
Denn sie wissen nicht,
was sie tun.«

Lukas 23,34

1. Woche

Entlastung

Draußen steht die Luft sehr heiß an diesem späten Sommernachmittag, aber hier in der Dorfkirche ist es kühl. Ich bin allein. In der ersten Stuhlreihe liegen Zettel. Auf kariertes Papier habe ich einige Namen geschrieben. Ein schlichtes Holzkreuz mit dem Körper des Gekreuzigten steht im Altarraum. Es ist etwas größer als ich, sodass ich mich daneben und auch ein wenig darunter stellen kann. Ich nehme die Zettel, einen nach dem anderen, lege sie unters Kreuz und bete für jeden der Menschen, dessen Namen notiert ist.

Zur selben Zeit, zwölf Kilometer entfernt, läuft meine Frau zu Hause an Hunderten von Umzugskartons vorbei. Sie packt ein, was noch nicht verstaut ist. Der Umzug wird nächste Woche sein. Die letzten Dinge, die wir nicht mehr brauchen werden, stellt sie zum Müll. In den vergangenen Monaten haben wir das immer wieder gemacht: aussortiert. Entschieden, was wir noch brauchen werden und was den Umzug bloß belasten würde, was im neuen Haus nur im Weg stehen würde. Bevor der neue Lebens- und Berufsabschnitt beginnt, ist Entlastung dringend nötig.

Nichts anderes ist es, was ich in der Dorfkirche tue. Dafür hat meine Frau mich für ein paar Tage freigestellt, trotz des bevorstehenden Umzugs. Ich habe Jahre hinter mir, in denen ich mit vielen Menschen meiner Gemeinde gearbeitet, gebetet, gehofft, gelitten, gekämpft und auch gestritten habe. Ich möchte das nun vor Gott abschließen. Das Gelungene und das Missratene an ihn zurückgeben. Unter dem Kreuz liegen jetzt Namen von Menschen, die mir Mühe gemacht haben, mich verletzt oder enttäuscht haben. Ich möchte keine dunklen Gedanken und keine Anklagen in den neuen Abschnitt mitnehmen, der bald beginnen wird. Ich möchte loslassen und vergeben. In meinem Quartier, in das ich mich für einige Tage zurückgezogen habe, liegt der karierte Block und trägt eine Liste mit anderen Namen: Menschen, denen ich etwas schuldig geblieben bin. Ich werde sie vor einer weisen Seelsorgerin nennen, beichten und Gott um Vergebung bitten. Ich möchte Lasten abgeben.

Eine Gabe an sich selbst

Vater, vergib ihnen! Denn sie wissen nicht, was sie tun. Das erste Wort von Jesus am Kreuz. Jesus ist nun in der letzten und entscheidenden Phase seines Lebens. Er hat den letzten Kampf durchzustehen, von dem alles abhängt. Und er geht in diesen Kampf als freier Mensch hinein. Ihm wurde Unerträgliches zugefügt und weitere harte Erfahrungen werden in den nächsten Stunden hinzukommen. Jetzt macht Jesus sich frei von aller Anklage und jedem möglichen Hass.

Denen vergeben, die ihn verletzen – es sieht so aus, als wäre das ein Geschenk an die, die das tun: an die Verurteiler, den Verräter, den Verleugner, die Gleichgültigen, die Neugierigen, die Selbstgerechten, die Hinrichter. Und so ist es auch: Sie bekommen unverdient den Freispruch geschenkt. Doch zugleich ist es eine Gabe an sich selbst, wenn Jesus vergibt. Er wirft die Last ab, um sich ganz frei seinem kommenden Kampf stellen zu können.

Wie ist es möglich, seinen Gegnern zu vergeben? Seinen Mördern sogar? Wie kann jemand etwas so Übermenschliches tun?

Ein Schlüssel liegt in der Anrede: »Vater!« Jesus ruft seinen Vater im Himmel herbei und betet sich zu seinem Vater hin.

Wer vergibt, also jemanden freispricht, entlässt ihn aus der Anklage. Er schafft seine berechtigten Vorwürfe aus seinem Haus – quasi zur Abholung an den Straßenrand. Sie stehen nun nicht mehr zu seiner Verfügung, er hat sie unbrauchbar gemacht. Etwas weggeben hinterlässt eine Leerstelle. Da ist erst einmal nichts, auf das jemand zurückgreifen kann, wenn ihm diejenigen wieder einfallen, die ihn geschädigt haben.

Den Vater herbeirufen

In diese Leerstelle hinein ruft Jesus seinen Vater im Himmel herbei. Er füllt aus, er versorgt. Er ersetzt die Momente, die Jesus abgegeben hat. In der Nähe des Vaters im Himmel kann man Lasten abgeben, um befreit den nächsten Schritt zu gehen.

Jahre zuvor hat Jesus seinen Schülern beigebracht: *Bittet für die, die euch verfolgen, damit ihr Kinder seid eures Vaters im Himmel* (Matthäus 5,44b-45 lut). Schon damals hat er also vom Vater und vom Gebet für die Gegner gleichzeitig gesprochen. Die innere Verknüpfung allerdings war auffälligerweise eine andere; die Reihenfolge war genau umgekehrt: Wer segnet und für Verfolger betet, wird so zum Kind Gottes (*damit ihr ...*). Der Vergebende gewinnt den Vater im Himmel. Jetzt, am Kreuz, ruft Jesus seinen Vater an, damit er vergeben kann. Es ist ein Kreislauf, in dem das Erste vom Zweiten abhängt und das Zweite vom Ersten. Das ist unlogisch, aber genau sachgemäß. Jesus braucht den Vater, um seine Verletzer freizusprechen, und indem er das tut, wird er umso mehr Sohn seines Vaters und Gott wird umso mehr zu seinem Vater.

Und Jesus wird – wie jeder, der die Kraft findet zu vergeben, – frei für die Zukunft.

Für heute:

 Wie schätzen Sie sich momentan eher ein: Tragen Sie Verletzungen von anderen mit sich herum oder sind sie jemand anderen etwas schuldig geblieben?

Beten ist mehr als vergeben

Blitzende 500-Volt-Energieblicke: In solche Augen habe ich manches Mal geschaut. Teenager und auch Ältere waren es, die mich so grimmig anfunkelten. Menschen, die von einem anderen beleidigt oder verletzt worden waren. Wenn sie mir davon erzählten, knisterte die Luft.

Oft waren diese Menschen im Recht. Man hatte sie übergangen, ausgenutzt oder in ein falsches Licht gestellt. Oder jemand, den sie liebten, war entwürdigend behandelt worden. Das tut sehr weh. Ich konnte sie verstehen. Aber hätte ihnen mein Verständnis allein schon geholfen?

Einige Male bin ich einen Schritt weiter gegangen. Ich habe meinen Gesprächspartner mit einer Zumutung konfrontiert. »Bete in den nächsten Tagen oder Wochen für den, der dir da so übel mitgespielt hat!« Schlagartig sind da die scharf funkelnden Energieblicke auf 1000 Volt hochgefahren! Zu allem Überfluss auch noch beten für … für … für so einen? Doch ich blieb bei meinem Vorschlag. Man soll nicht klein beigeben und seinen Zorn nicht mit oberflächlichen, scheinbar frommen, milden Gedanken zukleistern. Aber in seinem Zorn soll mein Gesprächspartner nun für die beten, die sich ungerecht verhalten.

Doppelt verankert

Ihnen vergeben? Das wäre hier fehl am Platz gewesen – zumindest jetzt noch. Für Vergebung ist noch nicht die Zeit gekommen. Aber Fürbitte – das könnte möglich sein. Zugleich ist beten mehr als vergeben. Verzeihen, jemandem die Schuld erlassen ist ein Vorgang, der sich allein innerhalb eines Menschen abspielt, innerhalb der Seele. Aber beten für den, der Schaden zufügte – das geht über die Grenzen eines Einzelnen hinaus. Es spannt einen Zweiten mit ein:

Gott. Wer »nur« vergibt, hat sein Vorhaben an einer einzigen Stelle festgemacht. Wer für den betet, dem zu vergeben ist, hat sich an zwei Stellen verankert.

Vater, vergib ihnen, denn sie wissen nicht, was sie tun. Jesus hat für diesen schweren Schritt der Vergebung den Weg der Fürbitte gewählt. Die Täter haben ihre mörderische Tat noch gar nicht bis zu Ende durchgeführt, die Spötter haben sich gerade erst warmgelaufen und sind noch längst nicht fertig mit ihrem Hohn, da spricht Jesus sie schon frei und betet für sie. Eine übermenschliche Anstrengung, eine Überwindung ohnegleichen. Kann man so etwas von Menschen erwarten? Kann Gott es von seinen Geschöpfen erwarten? Der Sohn Gottes hatte vielleicht noch alle Voraussetzungen zu solch einer Tat. Aber wir anderen?

Gottes Handeln auslösen

Denen zu vergeben, die einem geschadet haben, ist eine beträchtliche Leistung. Für sie zu beten, nicht so sehr. Vergeben verlangt dem alles ab, dem etwas zugefügt wurde. Wenn er aber für den Gegner betet, verlangt er nicht sich alles ab, sondern Gott. Die Tat besteht einzig darin, zu wünschen, dass Gott jetzt etwas tun soll. Die Fürbitte löst Gottes Tatkraft aus. Deshalb ist beten mehr als vergeben – und erleichtert das Vergeben zugleich. Vergebung allein wäre eine menschliche Tat – eine Tat, die in vielen Situationen unersetzlich und notwendig ist. Fürbitte dagegen ist nicht einfach Menschenwerk, individuelle Leistung. Sie geht über Werke hinaus und bringt deshalb Gnade ins Spiel, Gnade auch für denjenigen, der betet. Denn er ist nun über seine eigenen Werke und Möglichkeiten hinausgegangen. Gott ist es ja, der aktiv werden soll.

Wenn allerdings das Gebet nun auch kein Menschenwerk ist, so hat es doch erhebliche Rückwirkung auf den, der betet. Kann ich denjenigen, für den ich bete, wirklich hassen? Dauerhaft? Anfangs wohl schon. Anfangs müssen der Groll und der Zorn wahrscheinlich durchlebt und ausgekostet werden. Doch auf die Länge der Zeit werde ich eine andere Haltung zu demjenigen gewinnen, der mir übel mitspielte und für den ich dennoch bete. Nicht, dass ich ihm nachträglich Recht geben würde oder das, was er tat, herunterspielen würde. Nein, Vergebung setzt ja Verfehlung voraus und erkennt sie an, und wenn ich für den Übeltäter bete, dann deshalb, weil er es wirklich nötig hat! Aber ich selbst werde nicht unverändert bleiben. Beten hat also immer eine doppelte Wirkung: Es löst eine Reaktion bei Gott aus (zu einem bestimmten Zeitpunkt, in einer bestimmten Weise und in einem bestimmten Maß) und es bringt mich selbst in eine andere Position. Sei es, dass ich hoffnungsvoller werde, sei es, dass ich mich von blindem Hass allmählich löse.

Gott tritt dazwischen

Warum fällt es uns schwer, für Gegner zu beten? Vermutlich deshalb, weil wir sie aus unserem Leben am liebsten verbannen würden. Jede Brücke zu ihnen soll abgebrochen sein. Wenn wir nun aber auch noch für sie beten, knüpfen wir ja sogar noch eine weitere Beziehung zu ihnen an. Außer dass wir direkt im Clinch liegen, läuft noch eine weitere Verbindung von uns über Gott zu ihnen. Das ist dann doch wirklich zu viel.

Dabei sollten wir aber nicht übersehen, dass diese neue, zweite Beziehung eine Entlastung für die erste, unmittelbare Beziehung sein kann. Wer für jemanden betet, stellt Gott zwischen sich und den, dem die Fürbitte gilt. Aus der unmittelbaren Beziehung, dem engen Clinch-Verhältnis, können wir uns auf diese Weise entflechten. Für jemanden beten heißt auch: abgeben. Die Sorge abgeben oder das In-die-Sache-verwickelt-sein abgeben. Den Gegner abgeben – oder zumindest unser Bild von ihm aufgeben.

Die Zukunft des anderen neu sehen lernen

Einige Stunden, bevor Jesus verurteilt und gekreuzigt wurde, war er mit all den Ambitionen und Abgründen seiner Schüler konfrontiert (Lukas 22,24-34). Während des Passahmahls diskutierten sie, wer in ihrer vermeintlichen Rangordnung ganz oben zu platzieren wäre. Und dass der Wortführer Petrus im Begriff stand, sich von seinem Meister loszusagen, das war Jesus sehr bewusst in diesem Moment. Angesichts dieser menschlichen Abgründe hatte Jesus bereits das Notwendige getan: *Ich aber habe für dich gebetet, dass dein Glaube nicht aufhöre* (Lukas 22,32). Von dieser Fürbitte ausgehend, sah Jesus neue Möglichkeiten für den unbeständigen Petrus. Er würde später umkehren können und seine »Brüder« stärken können. Der Labile wird stabil. Ob es nicht auch die Fürbitte war, die Jesus in die Lage versetzte, diese Zukunft bei Petrus zu sehen?

Was Jesus im Laufe seines öffentlichen Lebens und dann besonders am Ende im Angesicht des Todes durchmachte, das ist im »Ersten Testament« schon vorgezeichnet, und zwar im prophetischen Gedicht vom Knecht Gottes (Jesaja 53). Dieses Prophetenwort ist dermaßen aufgeladen mit Einzelheiten, die über die Zeit von Jesaja hinausweisen, dass es kaum sinnvoll zu deuten ist, ohne dass man an Christus denkt. Jesus selbst hat in diesen Worten die Deutung für sein Leben gefunden (Markus 10,45).

Neben vielen anderen Lasten und Kämpfen zeichnet sich dieser Knecht Gottes auch dadurch aus: Er hat für die Übertreter gebetet (Jesaja 53,12). Darin gipfelt diese Prophetie. Dies ist das abschließende Wort, das Jesaja über diesen Knecht zu sagen weiß.

So hat Jesus es am Kreuz getan. Er hat vergeben – und mehr als das: Er hat für die Feinde gebetet.

Für heute:

Danken Sie Gott, wenn Sie im Moment keine Gegner haben. Und falls Ihnen doch jemand feindlich gegenübersteht, versuchen Sie, Gott um etwas für ihn zu bitten.

Grenzen anerkennen

»Ich habe es nicht böse gemeint!« Das ist nicht gerade die überzeugendste Entschuldigung. Entscheidend ist doch, was jemand getan hat, auch wenn er es nicht böse gemeint hat.

»Ich habe es nicht besser gewusst.« Das klingt nach einer noch lahmeren Erklärung. Unwissenheit schützt vor Strafe nicht – zu Recht ist das eine verbreitete Redensart. Vor einigen Jahren fanden meine Frau und ich uns unerwartet in der Situation vor, dass wir ein Haus kaufen mussten. Wir waren darauf weder finanziell noch von der Sachkenntnis her vorbereitet. Wir wussten schlicht nicht, wie man so was macht. Natürlich hatten wir dann einen Berater zur Seite, der uns durch die verschiedenen Vorgänge wie Kreditanträge und Grundbucheintragungen lotste. Wenige Tage vor dem Umzug – der Berater war im Urlaub – stellte sich allerdings heraus, dass noch eine entscheidende Unterschrift auf einem Kredit-Dokument fehlte. Ohne die war, während wir uns in Sicherheit wiegten, der Kaufpreis noch gar nicht an den Verkäufer geflossen, und ohne Geld sollten wir natürlich auch keinen Hausschlüssel bekommen.

Unwissenheit schützt vor Strafe nicht ...

Der Umzug war längst bestellt. Übers Wochenende war in der Bank niemand erreichbar. Also setzte ich mich ins Auto und fuhr nach Karlsruhe. Montag früh gleich zu Geschäftsbeginn präsentierte ich die fehlende Unterschrift und bekam daraufhin die verbindliche Auszahlungszusicherung. Währenddessen luden zu Hause schon die Möbelpacker den Hausrat ein. An den Verkäufer ging das Fax mit der Zusicherung raus. Ich fuhr die 250 Kilometer wieder nach Hause, von wo es dann gleich weiter an den neuen Ort, ins neue Haus ging.

Der Verkäufer hatte den Kopf geschüttelt: Wie kann man denn nur so fahrlässig sein und sich nicht um die nötigen Dokumente kümmern? Die Antwort war ganz einfach: Wir hatten es nicht besser gewusst. Bloß: Genützt hätte es uns nichts. Wenn das Dokument nicht in den letzten Minuten noch gekommen wäre, hätten wir den Möbelwagen wieder ausladen lassen müssen. Unwissenheit schützt vor Strafe nicht. Jetzt sitzen wir in unserem neuen Zuhause, fühlen uns wohl, denken mit Schrecken an diese Tage zurück und sind froh, dass wir unser Versäumnis nicht schmerzlich ausbaden mussten.

Hat Jesus die Sache mit der Unwissenheit anders gesehen? Hat er denen, die ihn hinrichteten, mehr durchgehen lassen? *Vater, vergib ihnen, denn sie wissen nicht, was sie tun!* Kommen die so einfach an ihre Entschuldigung? Sie haben es einfach nicht besser gewusst? Wie kann Jesus so eine lahme Erklärung in den Mund nehmen?

Erwartungen, die Gott nicht hatte

Es ist ziemlich überraschend, dass es bei Gott offenbar doch eine Rolle spielt, was man wissen konnte und was nicht. Als die Botschaft von Jesus' Auferweckung öffentlich bekannt gemacht wurde und als die ersten Christen zum Glauben einluden, da richtete sich diese Nachricht zuerst an die Jerusalemer Juden. An diejenigen, die Jesus' Kreuzigung gebilligt oder unterstützt hatten. Warum bekamen sie die Chance zum Glauben an Jesus, obwohl sie doch kurz vorher eingestimmt hatten, man solle ihn kreuzigen? *Ihr habt Jesus aus Unwissenheit so behandelt, und dasselbe gilt für die führenden Männer unter euch*, predigte Petrus (Apostelgeschichte 3,17). Sie waren sich der Dimensionen ihrer Tat gar nicht bewusst. Später ist die Unwissenheit auch für Paulus ein wichtiger Gesichtspunkt. Die Barmherzigkeit, die Gott ihm selbst erwiesen hat, führte er auch auf seine Unwissenheit zurück (1. Timotheus 1,13). Ebenso bescheinigt er denen, die Jesus hingerichtet hatten: *Die Mächtigen dieser Welt haben Gottes Weisheit nicht verstanden, denn hätten sie das getan, dann hätten sie den Herrn der Herrlichkeit niemals gekreuzigt* (1. Korinther 2,8). Und auch die, die nie vom Gott der Bibel und von seinem Sohn gehört haben, bekommen nun die Chance zum Glauben, denn *bis jetzt hat Gott über die Unwissenheit der Menschen hinweggesehen* (Apostelgeschichte 17,30).

Gott scheint ein klares Empfinden dafür zu haben, was er von seinen Menschen erwarten kann. Manches hat er gar nicht erst erwartet, weil die Voraussetzungen nicht vorlagen – zum Beispiel dass jemand wusste, was er eigentlich tat. Von Gott im Himmel können wir uns solch ein gerechtes Urteil noch vorstellen. Aber Jesus am Kreuz, gequält von rasendem Schmerz? Hatte er denn Kopf und Herz dafür frei, noch gerecht abwägend in Rechnung zu stellen, wie viel Verantwortung seine Gegner hatten und ab wann nicht mehr?

In die Begrenzungen entlassen

Die Begründung von Jesus dafür, dass sein Vater vergeben möge, hat weniger mit Abwägen und mit Gerechtigkeit zu tun. Vielmehr spricht eine große Weisheit daraus und eine große Freiheit. Weise nämlich ist es, andere Menschen in ihre Grenzen hinein zu entlassen. Sie leben nun einmal innerhalb ihrer Begrenzungen. Das können durchaus schädliche Begrenzungen sein – Barrieren, die ihnen selbst nicht guttun und mit denen sie andere auch einzwängen. Es kann Schuld bedeuten, nicht in größerer Freiheit zu leben. Aber Menschen leben nun einmal innerhalb ihrer mehr oder weniger engen Grenzen. Wer sich nicht ständig daran reibt und mehr erwartet, sondern wer »ja« zu den Grenzen anderer sagt, der hat selbst einen weisen Weg in die eigene Freiheit gefunden.

Indem Jesus die Unwissenheit anerkennt, entlässt er seine Gegner in ihre Grenzen und verzichtet auf weitergehende Erwartungen. Sie wussten nicht, was sie eigentlich taten. Einige von ihnen hätten es eigentlich wissen müssen: die jüdischen Ältesten, obersten Priester und Schriftlehrer. Wenn schon viele aus dem Volk in den vergangenen Jahren Jesus als den Messias Gottes erkannt hatten –

hätten es die geistlichen Führer und die Schriftkundigen nicht erst recht erkennen können?

Sicherlich sind sie schuldig geworden. Sonst hätte Jesus den Vater ja nicht um Vergebung zu bitten brauchen. Vergebung setzt voraus, dass Schuld vorliegt. Aber was sie im Tiefsten taten – den Sohn Gottes in den Tod schicken –, das blieb ihnen verborgen. Ob sie es hätten wissen können oder gar müssen – sie wussten es jedenfalls nicht.

Jesus erkennt das an und zerreibt sich nicht in den Kreisläufen des »Ach, hätten sie doch!« und »Wie konnten sie nur?«. Er erkennt die Grenzen seiner Gegner an und entlässt sie dort hinein – auch wenn es triste Grenzen sind und die Fülle von Gottes Leben darin nicht enthalten ist. Er gibt sie frei und ist so selbst frei für die Menschen, die ihn jetzt noch, in den letzten Stunden, brauchen, und frei für den Auftrag, den er zu Ende zu führen hat.

Hätten sie anders gekonnt?

Nicht nur am Rande des Lebens – wie bei Jesus hier – ist diese Weisheit heilsam. Sondern ebenso überall dort, wo ich enttäuscht werde. Wo ich von anderen etwas erwarte und diese Erwartungen nach meinen eigenen Bedürfnissen abmesse und nicht nach den Möglichkeiten der anderen. Es führt mich auf den Weg des Friedens, wenn ich sie in ihre eigenen Grenzen hinein entlasse. Mein Vater hat mir wenig Nähe gezeigt? Ja, das war so. Aber hätte er es selbst besser gekonnt? Wohl nicht – wenn ich mir klar mache, welche Ablehnung ihm selbst schon vor seiner Geburt und dann auch danach entgegengeschlagen war. Das ist nur ein Beispiel von vielen möglichen anderen.

Im 55. Psalm betet der bedrängte Glaubende einmal: *Sie ändern sich nicht!* (Vers 20 sch). Das kann sehr frustriert klingen – oder auch wie ein gnadenloses Urteil. Sie ändern sich nicht, bei denen ist nichts mehr zu hoffen, die kannst du vergessen! Man kann dieses Gebet aber auch anders sprechen: Sie ändern sich nicht, ich werde das nicht mehr von ihnen erwarten. Ich löse mich von dieser Zukunftsmöglichkeit und mache meinen Frieden damit, dass sie so sind. Für mich ist das hart, denn sie werden weitermachen damit, mir zuzusetzen. Aber was ich in dieser Lage brauche, erwarte ich nicht von ihnen, sondern von Gott. Sie ändern sich nicht und ich bin darauf auch nicht angewiesen, denn Gott steht auf meiner Seite.

In diesem Licht betrachtet ist Jesus' Gebet ... *denn sie wissen nicht, was sie tun* ... eine Einsicht voller Weisheit und Freiheit – für Jesus selbst. Seine Gegner profitieren davon, aber der Frieden erreicht zuerst den, der diesen Satz als Gebet ausspricht.

Für heute:

 Wenn Sie an jemanden denken, der Ihnen geschadet hat: Versuchen Sie, ihm das nicht übel zu »nehmen«, sondern Gott dieses Übel zu geben.

In welcher Geschichte spiele ich mit?

Meine Frau und ich haben eine Freundin, deren Herz brennt: für Jesus, für Musik, für Teenager. Sie stellt seit einigen Jahren Musicals auf die Beine und führt sie mit Jugendlichen aus der Nachbarschaft ihrer Kirche auf. Das sind jedes Mal große Ereignisse mit fast hundert Mitwirkenden. Für viele der Teenager ist es nicht nur eine erste positive Berührung mit dem Glauben, sondern auch eine seltene Erfahrung, dass sie sich mit ihren Stärken einbringen können und dabei gefördert werden.

Einer der Teilnehmer fiel ihr durch seine hervorragende Stimme auf. Unsere Freundin bekam die Idee, diesem Jungen Gesangsunterricht zu ermöglichen. Sie konnte Sponsoren dafür aus der Kirchengemeinde gewinnen, beteiligte ihn mit einem kleinen Beitrag seines Taschengeldes an den Kosten und musste nur noch das Einverständnis seiner Eltern bekommen. Das gelang schließlich auch. Unsere Freundin glaubt, dass das Singen noch eine große Rolle im Leben des Jungen spielen wird.

Sie wusste, was sie tat: Sie trug nicht einfach nur dazu bei, dass jemand ein paar Lieder besser singen konnte. Sie hat ihm etwas zugetraut, hat ihm eine außerordentliche Ermutigung geschenkt und womöglich sogar den Start einer beruflichen Orientierung gegeben. Sie hat ihn gestärkt. Ihre Idee ist Teil einer größeren Geschichte. Und diese Geschichte besteht nicht in der musikalischen Qualitätsverbesserung eines Hobby-Sängers. Sondern es geht um die komplette Lebensgeschichte eines jungen Menschen, der bisher vielleicht wenig positive Erfahrungen mit sich selbst gemacht hat und der nun etwas ganz Neues erlebt: Rückenwind. Das ist der große Rahmen für ihre Idee.

Fast alles, was wir in unserem Leben tun oder lassen, steht in einem größeren Rahmen. Fast immer sind wir Teil einer übergreifenden Geschichte. Die Frage ist, ob wir das wissen – oder ob wir nur das Nächstliegende im Blick haben.

Im falschen Film?

Menschen, die nicht wissen, was sie eigentlich tun und in welchem Zusammenhang sie gerade eine Rolle spielen, können lustig sein. Sie sind der Stoff für Unterhaltungssendungen wie »Verstehen sie Spaß?« oder »Versteckte Kamera«. Der Kunde verzweifelt an einem Kaffeeautomaten, der den Becher, wenn er gefüllt ist, gleich wieder verschwinden lässt. Bein dritten Versuch tritt er gegen die Maschine und denkt, er wäre Opfer einer technischen Panne. In Wirklichkeit ist er Teil einer anderen Geschichte. Er weiß eigentlich nicht, was er tut: dass er unfreiwillig in einer Fernsehsendung mitwirkt.

Das ist – je nach Geschmack – mehr oder weniger spaßig. Es kann aber auch eine zutiefst ernste Dimension haben, wenn jemand nicht weiß, was er eigentlich tut, und die wahre Bedeutung seines Handelns nicht erfasst.

Kurzsichtige Menschen unter dem Kreuz

Vater, vergib ihnen, denn sie wissen nicht, was sie tun, betete Jesus für die Menschen um ihn herum, als er am Kreuz starb. Jeder von ihnen glaubte zwar zu wissen, was sich gerade abspielte, war aber tatsächlich weit entfernt davon.

Die jüdischen Ältesten und die Oberpriester hatten keine Ahnung, in welcher Weltgeschichte sie gerade mitspielten. Sie dachten, sie führten einen frechen Lästerer seiner gerechten Strafe zu – aber dass sie gerade Gottes Boten, seinen Propheten, den von Jesaja verheißenen »Knecht Gottes« töteten, von dieser Erkenntnis waren sie weit entfernt.

Der Hauptmann, der die Exekution befehligte, meinte, den zweiten von drei Rebellen fachgerecht und möglichst ohne Komplikationen hinzurichten. Dass dieser Zweite unschuldig, ja dass er Gottes Sohn war, erkannte er erst hinterher.

Die Soldaten unter dem Kreuz glaubten, sie wären auf eine gute Idee gekommen, dass sie das kostbare Gewand des Delinquenten nicht zerschnitten, sondern per Würfelspiel verlosten – aber dass das nicht nur ein Augenblicks-Einfall war, sondern dass sich darin zugleich ein jahrhundertealtes Gotteswort erfüllte (Psalm 22,19), das konnte ihnen nicht im Entferntesten einfallen.

Alle Beteiligten dachten, sie handelten richtig oder wenigstens pflichtgemäß. Aber dass sie zugleich Teil einer weitaus größeren Geschichte waren – einer Geschichte, die Gott schon vor Erschaffung der Welt ins Auge gefasst hatte und die Auswirkung bis in alle Ewigkeit hatte –, das wussten sie nicht.

Jesus erkennt ihre Grenzen an. Und darin liegt Weisheit, haben wir gestern gesehen. Sein Gebet um Vergebung zeigt, dass er Gnade für diese kurzsichtigen Menschen hat. Aber wenn wir für uns selbst nach dem Leben fragen, das Gott sich für uns vorstellt: Wäre es nicht unbedingt erstrebenswert, dass wir – anders als die Menschen um das Kreuz – wissen, was wir tun? Dass wir den großen Rahmen und die umfassende Geschichte kennen, innerhalb derer wir uns bewegen?

Der große Rahmen meines Lebens

Ich arbeite mittlerweile als Verlagslektor und Zeitschriftenredakteur. Ich freue mich immer sehr und bin auch erleichtert, wenn ich wieder ein Heft mit ansprechenden Artikeln von guten Autoren füllen konnte. Aber ist das schon alles? Vierteljahresziel erreicht, und Chef und Abonnenten sind zufrieden? Jeder einzelne Artikel kann im Leben eines einzelnen Lesers etwas bewirken. Eine neue Einsicht auslösen. Vielleicht eine jahrelange Last nehmen, weil jemand nun etwas von der befreienden Kraft des Evangeliums erfassen konnte. Für dieses Ziel lohnt sich jede Sorgfalt. Bilder aussuchen, treffende Überschriften finden – all diese Mühe ebnet den Weg zum Ziel: zum Leben des Lesers. Und die große Geschichte, in der ich mitspiele, ist noch umfassender: Gott gestaltet sein Reich, und wenn er es mir gelingen lässt, die Themen vorauszuahnen, die er bei seinen Leuten ins Gespräch bringen möchte, kann ich meinen Teil dazu beitragen. Die Arbeitstage sind für mich erfüllend, an denen ich die große Geschichte ahne – an denen ich weiß, was ich wirklich tue.

Wenn ich im terminlichen Engpass bin, könnte ich mich dazu entschließen, am Sonntagnachmittag einen Artikel fertigzustellen, damit die Woche am Montag unter weniger Druck startet. Was hätte ich dann getan? Es mir und meinen Mitarbeitern leichter gemacht. Zugleich aber meiner Familie gezeigt: Der Ruhetag, den Gott will, ist eine gute Möglichkeit, die der Realität des Lebens aber nicht immer standhält. Ich muss aus diesem Vorhaben Gottes offenbar manchmal aussteigen, damit es mir gut geht. Und schließlich hätte ich auch eine Aussage meinem Gott gegenüber gemacht – und zwar vielleicht eine Misstrauenserklärung: »Ich glaube, dass du nicht so gut für mich sorgen kannst, wie ich selbst es kann.« Der Entschluss, am Ruhetag zu arbeiten, wäre eine Szene innerhalb meiner persönlichen Vertrauensgeschichte mit Gott gewesen. Vertrauen oder Misstrauen hieße der größere Rahmen. Ich muss schon wissen, was ich tue, wenn ich mich so oder so entscheide.

Hoffentlich verpasse ich Jesus nicht

Und was ist mit denen, die Hungernde mit Essen und Trinken versorgten, die einen Fremden zu sich einluden, die einem schäbig Gekleideten neue Anziehsachen kauften, die Kranke pflegten und Weggeschlossene besuchten? Im Gleichnis von Jesus (Matthäus 25,31-46) wussten sie nicht, was sie taten. Sie kannten die eigentliche große Geschichte nicht – dass sie es in Wahrheit für Jesus taten. Wenn sie das erkannt hätten, wäre ihr Leben wohl noch runder gewesen, denn dann hätten sie bewusst den doppelten Lebenssinn erfasst: Gott lieben und die Nächsten. Und die, die all das nicht getan haben – die z.B. Hungernden nicht zu essen gaben –, hätten gemerkt, wen sie da in Wahrheit gerade verpassen: Jesus.

Wie gut ist es, wenn wir die Geschichte kennen, in der wir eine Rolle spielen. Wenn wir wissen, was wir tun. Den Menschen unter dem Kreuz hätte ihre Heilige Schrift dazu helfen können. Sie hätten vielleicht im Gekreuzigten den Gesandten Gottes, der sich wie ein Opferlamm hingibt, erkennen können. Auch uns hilft Gottes Wort, über die große Geschichte Gottes Bescheid zu wissen.

Für die, die nicht wissen, was sie taten, hatte der sterbende Jesus viel Gnade übrig. Aber für sie selbst wäre es besser gewesen, zu wissen, was sie tun.

Für heute:

»Vater im Himmel, bitte lass mich wach sein, damit ich Jesus nicht verpasse und auch nicht die Geschichte, in die er mich stellen will. Bitte knuffe mich freundlich in die Seite und wecke mich auf, wenn ich das brauche.«

»Wahrlich, ich sage dir:
Heute wirst du mit mir
im Paradies sein.«

Lukas 23,43

2. Woche

Das Wichtigste ist nicht machbar

Als Jesus gekreuzigt wurde, platzierten ihn die römischen Soldaten in der Mitte zwischen zwei Verbrechern. Dort, so meinten sie, gehört er hin. Einer dieser beiden aber spürte, dass Jesus keiner von ihrem Schlag war. Er sagte, was er von Jesus hielt: Dieser Mann hat nichts Unrechtes getan. Und er erkannte, dass dieser Moment seine letzte Stunde und seine letzte Chance war, und bat Jesus, ihn mit in die Ewigkeit zu nehmen. Dass Jesus dorthin gelangen würde, das schien ihm sicher. Jesus versprach sofort, seine Bitte zu erhören: *Wahrlich, ich sage dir: Heute wirst du mit mir im Paradies sein.*

Kampf für eine bessere Welt

Was waren das für zwei Verurteilte links und rechts von Jesus? Sie werden als Verbrecher bezeichnet, und zwar mit einem Wort, das nicht einfach trickreiche Diebe meint, sondern Räuber, die Gewalt anwenden. Zugleich benannte man mit demselben Wort eine ganz bestimmte Gruppe von Leuten: die Zeloten. Das waren Angehörige einer frommen Aufstandsbewegung. Weil das Land eigentlich Gott gehörte, war es für sie unerträglich, dass die Römer es besetzt hielten und von jedem Bewohner eine personenbezogene Steuer kassierten. Die Zeloten kämpften dafür, dass Gott wieder zur Herrschaft kam. Sie kämpften nicht (nur) mit Gebet, Gottesdienst, Fasten und Buße, sondern vor allem mit dem Dolch.

Vermutlich hielten die Römer Jesus letztlich auch für einen Zeloten, der sich irgendwie zum »König der Juden« machen wollte. Auch wenn Jesus keinen Dolch trug, schien es passend, ihn mit den beiden anderen Gewalttätern zusammen hinzurichten.

Die beiden Zeloten links und rechts hatten für eine bessere Welt gekämpft. Für eine Welt, die näher am Willen Gottes ist. Für eine Ordnung im Land, die Gottes Absichten, wie sie vom Ursprung her bestanden, besser zur Geltung brachte. Vielleicht hätten sie es nicht als ihr »Paradies« bezeichnet. Vielleicht hätten sie es so ähnlich genannt, wie die Amerikaner gern formulieren: »die Welt zu einem besseren Ort machen«.

Gelungen ist es ihnen nicht. Sie säten zwar Hoffnung im Volk, hinterließen aber letztlich nur eine Blutspur. Sie wurde gestoppt durch eine noch mächtigere Blutspur: die brutale und überlegene Macht des römischen Militärs. Es war so wie fast immer in der Geschichte: Wenn Menschen das Paradies auf Erden durchsetzen wollen, ähnelt es im Ergebnis eher der Hölle.

Doch in den letzten Stunden seines Lebens hat einer der beiden Kämpfer auf unerwartete Weise sein Ziel doch noch erreicht. Mit seinen Plänen ist er gescheitert und sein Leben hat er verwirkt. Doch gerade jetzt hört er von Jesus: Noch an diesem Tag wird er im Paradies sein. Dort, wo Gott Frieden gibt und sich keine andere Macht vor ihn schiebt.

Es ist ein Moment, der seine eigene Ironie hat: Der Mann in der Mitte, Jesus, der nie den Dolch benutzte, erreicht Gottes Welt und kann dem gewaltbereiten Partisan Zutritt dazu verschaffen. Was der Zelot mit seiner Waffe bis zuletzt nicht geschafft hat, bekommt er nun geschenkt.

Das Wesentliche muss man sich schenken lassen

Das Wesentliche im Leben kann man sich nicht erkämpfen. Man kann es auch nicht durch angestrengte Arbeit erreichen. Es ist ein Geschenk. Das gilt auch heute noch, obwohl für uns so viel mehr machbar ist als für die Menschen damals. Gesundheit: Keine noch so fortgeschrittene Medizin kann sie garantieren. Ob das wirklich hilft, was der Arzt verordnet, ist längst nicht ausgemacht. Versöhnung oder gegenseitiges Verstehen: Dafür kann ich mich einsetzen, ich kann günstige Bedingungen schaffen. Aber ob der andere einwilligt, steht nicht in meiner Macht.

Leben zur Welt bringen: Niemand kann das unter Garantie. Wenn ein Mann nicht zeugen kann oder eine Frau nicht empfangen, dann ist das in vielen Fällen auch nicht zu ändern. Jedes Kind ist ein Lebensgeschenk. Und zufrieden und lebenssatt zu sterben – das hat schon gar keiner in der Hand.

Die Dinge, auf die es wirklich ankommt, sind nicht machbar. Das, was ich mir erkämpfen kann, sind meist nur zweit- oder drittrangige Sachen. Auch die Karriere gehört dazu, wenn man sie am Maßstab der Zufriedenheit misst. Der Vorgänger von Jesus, Johannes der Täufer, hat das erkannt: *Ein Mensch kann sich nichts nehmen, wenn es ihm nicht vom Himmel her gegeben ist* (Johannes 3,27).

Als Jesus nicht zugriff

Auch Jesus hat so gelebt. Gleich als er begann, in der Öffentlichkeit aufzutreten, wurde er noch einmal von Gottes Geist ins Verborgene geführt, in die Wüste. Dort konfrontierte Gottes Gegenspieler ihn mit der Möglichkeit, dass Jesus sich selbst das verschaffen konnte, was nützlich war. Jesus hätte dabei gar nicht auf seine eigene Macht vertraut, sondern durchaus auf Gott! Wenn er, wie der Teufel vorschlug, von der Zinne des Tempels gesprungen wäre, dann hätte Gott – durch seine Engel – die Möglichkeit bekommen, einzugreifen. *Denn es steht geschrieben: »Er wird seinen Engeln deinetwegen Befehl geben; und sie werden dich auf den Händen tragen, damit du deinen Fuß nicht an einen Stein stößt«* (Matthäus 4,6). Jesus hätte diesen Eingriff Gottes nur auslösen müssen durch eine Tat, die sich ganz auf Gott verlässt. Die Schrift hätte sich erfüllt.

Doch Jesus erkannte die Falle. Er verzichtete. Das, was er je erreichen könnte, wollte er als Geschenk Gottes empfangen, und zwar als frei gegebenes, nicht als eines, das er selbst herbeigeführt hätte. Tatsächlich: Als Jesus davon Abstand nahm, selbst die Engel herbeizuzitieren – da kamen sie zu ihm. Von Gott aus, nicht durch Jesus herbeigezwungen. *Da verließ ihn der Teufel, und Engel kamen und sorgten für Jesus* (Matthäus 4,11). Sie kamen, als Jesus selbst nichts manipulierte. Ein Mensch kann sich nichts nehmen, wenn es ihm nicht vom Himmel her gegeben ist. Bei den wichtigen Dingen im Leben ist das so.

Das Reich Gottes bauen?

»Dein ist das Reich, das wollen wir bauen ...« – So beginnt ein Kanon aus dem Jahr 1948. Die Redeweise, dass man das Reich Gottes bauen kann oder soll, ist seitdem weit verbreitet. Viele Christen würden ihr Lebensziel so beschreiben. Das ist sehr merkwürdig, wenn man bedenkt, dass »das Reich Gottes bauen« kein biblischer Gedanke ist. Ich finde es erstaunlich, wie wenigen Menschen das aufgefallen ist und wie unbedacht diese Formulierung verwendet wird. Gebaut wird, dem Neuen Testament zufolge, die Gemeinde von Jesus. Zuerst durch Jesus selbst, aber dann auch durch seine Mitarbeiter. Bauen kann man sein Lebenswerk (1. Korinther 3,12). Aber das Reich Gottes? Das kommt. Ohne menschliches Zutun. Jesus verwendet in seinen Gleichnissen die Sprache des Wachstums dafür. Wir können uns dem Reich Gottes aussetzen. Wir können es mit aller Macht anstreben (Lukas 16,16). Aber machbar ist es nicht. Nicht wir Menschen bauen es. Auch Gottes Herrschaft ist ein Geschenk.

Der Tag des Loslassens

Heute wirst du mit mir im Paradies sein. Das heißt: Heute bekommst du – in ganz anderer Weise, unter ganz anderem Vorzeichen – das geschenkt, wofür du vergeblich gekämpft hast.

»Heute« – heute ist Sonntag. Der Tag, den Gott dazu gemacht hat, dass seine Kinder ihre Arbeit einstellen, stattdessen loslassen und empfangen. Und dann ihre ganze Erwartung darauf richten, dass Gott sich aufmacht und beschenkt.

Für heute:

»Wie Knechte die Augen auf ihren Herrn richten und Mägde auf ein Zeichen ihrer Herrin achten, so blicken wir auf den Herrn, unseren Gott, und warten auf seine Barmherzigkeit« (Psalm 123,2).

Die Zeit ist reif

Als ich 1986 eine junge Frau kennenlernte, merkte ich an meinem Herzklopfen, dass ich ein Auge auf sie werfen sollte. Mein Auge ließ sich das nicht zweimal sagen ... Als ich sie das erste Mal besuchte (immer noch mit Herzklopfen), erwähnte sie, dass sie demnächst an einer Konferenz unserer Kirche teilnehmen wollte. Ich selbst hatte diese Konferenz bis dahin uninteressant gefunden, obwohl ich als Theologiestudent kostenlos hätte hinfahren können. Doch am folgenden Tag stürmte ich ins Sekretariat des Theologischen Seminars: Ob die Anmeldeliste schon geschlossen sei? Ja, das war sie – aber noch nicht abgeschickt. In letzter Minute trug ich mich ein.

Auf der Konferenz angekommen, hielt ich Ausschau nach Kerstin. Sie kam, während die Eröffnungsveranstaltung schon lief. In derselben Sekunde, als sie den Saal betrat, erspähte ich sie – quer durch die 3500-Personen-Halle. Das Konferenzprogramm der nächsten Tage hat mich vermutlich nicht gefesselt – ich habe jedenfalls keine Erinnerung mehr daran. In jeder Pause traf ich mich mit Kerstin, ob verabredet oder nicht. Wenn ich während dieser Tage nicht die Gelegenheit ergreifen würde, ihr meine Liebe zu erklären, dann würde wohl gar nichts mehr daraus werden, spürte ich. Bloß hatte ich damals kaum eine Vorstellung davon, wie das anzufangen sei. Die Tage verstrichen, bis ich mir – am letzten Tag – ein Herz fasste. Länger hätte ich nicht mehr warten dürfen. Die Zeit war reif, sehr reif. Auf den letzten Drücker bekam ich dann den Mund auf. Es gibt Dinge, die man nicht aussitzen darf.

In drei Jahren feiern wir Silberhochzeit.

Kurz vor Toresschluss

Gut möglich, dass der Verbrecher neben Jesus am Kreuz sein Leben mit Gott verbracht hatte. Nun aber ging es auf ein bitteres Ende zu.

Wenn dieser Mann die heiligen Schriften kannte, musste er davon ausgehen, dass er in wenigen Stunden sterben, aber bei Gott nicht willkommen sein würde. Denn ein Aufgehängter ist ein Verfluchter Gottes. – *Verflucht ist jeder, der am Holz hängt!* (5. Mose 21,23; Galater 3,13). Doch kurz vor Toresschluss wandte er sich an Jesus neben ihm: *Jesus, denk an mich, wenn du in dein Reich kommst.* Und seine Bitte wurde erhört, gerade noch rechtzeitig: *Da antwortete Jesus: »Ich versichere dir: Heute noch wirst du mit mir im Paradies sein.«*

Beide, Jesus und der Verbrecher, hatten in den Jahren zuvor ihr Leben gleichzeitig gelebt. Beide wollten dem Reich Gottes dienen. Aber nur einer – Jesus – tat es so, wie es Gott wirklich entsprach. Der Zelot und seine Mitkämpfer waren im Begriff, Gottes Herrschaft trotz guter Absichten zu verpassen. Um wirklich ans Ziel zu gelangen, mussten sie umschwenken und Jesus folgen. Für die beiden Zeloten am Kreuz war die Zeit dafür überreif. Jetzt war das »Heute«, auf das es ankam. Länger durfte keiner warten.

Und vorher? Ob es nicht schon eher Gelegenheiten gegeben hatte, den wahren Charakter der Königsherrschaft Gottes zu begreifen? Wäre die Zeit nicht schon früher reif gewesen?

Es ist ziemlich wahrscheinlich, dass beide Zeloten und ihre Genossen schon in den Jahren vorher von Jesus gehört hatten. Die Menschen, die von Jesus geheilt worden waren, *machten ihn bekannt in jener ganzen Gegend. – Die ganze Welt läuft ihm nach!* (Matthäus 9,31; Johannes 12,19). Was Jesus über die Herrschaft Gottes zu sagen hatte, konnte man auch als Zelot erfassen und akzeptieren – Jesus hatte einen Zeloten, Simon, im Kreis seiner Schüler (Lukas 6,15). Dieser Simon hatte die Zeichen der Zeit erkannt: *Die Zeit ist erfüllt, und das Reich Gottes ist nahe* (Markus 1,15). Ja, die Zeit war schon längst reif. Das »Heute«, das Gott gesetzt hatte, war schon gekommen. *Heute, wenn ihr seine Stimme hört, verhärtet euer Herz nicht* (Psalm 95,7-8) – das war auch für Zeloten seit Jahren angesagt.

Der Zelot Simon hatte es begriffen und Jesus sein Vertrauen geschenkt. Viele andere taten das nicht. Nun aber bekommt der neben Jesus Gekreuzigte noch einmal ein »Heute« geschenkt. *Heute noch wirst du mit mir im Paradies sein.* Und im letzten Moment griff er zu. Die Zeit war reif und er verließ sich auf Jesus.

Das »Heute« nicht verpassen

Im Leben jedes Menschen gibt es solche Heute-Momente, in denen man zugreifen muss. Den Mund aufbekommen muss, sein Vertrauen wagen muss. Solche Heute-Momente können manchmal wie eine leicht verderbliche Ware sein: Sie haben irgendwann den Zeitpunkt ihrer Verwendbarkeit überschritten.

Mit 16 Jahren habe ich intensive Wochen erlebt, in denen Gott mich immer wieder angesprochen hat. Ich verstand: Er ruft mich zum Glauben, er will, dass ich ihm mein ganzes Leben anvertraue. Eines Abends kam der Moment, um den ich Gott gebeten hatte: Ein Freund aus meiner Jugendgruppe kam auf mich zu, sprach mich an und fragte, ob ich nicht eigentlich auch so weit sei, Christus in mein Leben aufzunehmen. Mein Freund wusste gar nichts davon, wie aufgewühlt ich schon seit einer Woche war. Es war eine Punktlandung Gottes, ihn mir zu schicken. Ich wusste: Jetzt ist die Zeit reif. Nun bin ich allerdings nur selten ein spontaner Mensch, und schon damals hatte ich Sorge, im Hochgefühl des Abends eine Lebensentscheidung zu treffen, die ich vielleicht nicht durchhalten würde. Ich beschloss also: »Am nächsten Morgen wirst du dich bekehren.« Und genauso habe ich es auch gemacht: mir den Wecker etwas früher gestellt und vor dem Frühstück und dem Aufbruch in die Schule gebetet, dass ich Jesus mein Leben anvertraue. Das war mein »Heute« – aber es war wirklich der letzte sinnvolle Moment gewesen. Hätte ich länger gewartet, wäre vermutlich etwas in meinem Leben verdorben, wie ein Lebensmittel, das die Haltbarkeit überschritten hat.

Gefährliche Immunisierung

Die Gefahr, die persönlichen »Heutes« verstreichen zu lassen, besteht darin: Je häufiger jemand etwas von Gott hört, desto mehr kann er sich daran gewöhnen. Das Wunder, dass aus Gottes Ewigkeit eine Anrede in das eigene Leben dringt, kann auf diese Weise banal werden. Im schlechtesten Fall kann man zunehmend immun werden. Gott redet nach wie vor, von Gott aus wäre das »Heute« noch aktuell, aber das eigene Herz stumpft ab.

Wenn Gott persönlich redet, ist deshalb immer beides dabei: Gnade und Ernst. Es gibt Momente, die kommen so nicht wieder. Oder man selbst ist, wenn sie wiederkommen, nicht mehr derselbe. Nicht mehr offen. Was überreif ist, wird sehr schnell faul. So kann es auch mit der Anrede durch Gott sein. Sie ist ein Zeichen der Gnade, aber auch eine ernste Sache, denn sie wird so oder so wirken: indem man hört oder indem man sich verschließt.

Zugabe an Gnade

Wie viele Heute-Momente der Zelot am Kreuz bereits hatte verstreichen lassen, wissen wir nicht. Vielleicht hatte sich in seinen Kreisen herumgesprochen, dass Kämpfer Simon die Seiten gewechselt hat und zu Jesus gegangen war. Vielleicht hat das andere Zeloten nachdenklich gemacht. Allerdings hat Jesus keinen von ihnen in den Zwölferkreis berufen außer Simon.

Welche Vorgeschichte der Verbrecher am Kreuz auch immer mit Jesus hatte: Jetzt bekommt er noch einmal ein Heute geschenkt. In seinem Leben behält Gottes Gnade das letzte Wort. Und als sie ihn anspricht, als Jesus – die Gnade Gottes in Person – in seine Reichweite kommt, greift er zu und sagt Ja. Jetzt hat er den Moment erfasst.

Für heute:

Gibt es eine Einsicht über Gott oder über Ihr Leben, die Ihnen schon lange klar ist, ohne dass Sie Konsequenzen daraus gezogen haben?

Wenn man Jesus unterschätzt

Jesus, denk an mich, wenn du in dein Reich kommst. Das war die Bitte des einen Verbrechers. Jesus erhörte sie, indem er ihm versprach, dass er ins Paradies gelangen würde.

Zwischen der Bitte des Freiheitskämpfers und der Antwort von Jesus besteht ein Unterschied, der bemerkenswert ist. Der Verbrecher fragt nach dem Königreich von Jesus. Jesus antwortet mit dem Paradies. Für uns scheint das auf den ersten Blick das Gleiche zu sein, aber die unterschiedlichen Bezeichnungen sollten uns aufhorchen lassen.

Eigentlich legt der Verbrecher Jesus präzise den Ball vor. Er scheint genau die richtige Frage zu stellen: nach Jesus' Reich. Die Königsherrschaft Gottes war ja von Beginn an das Hauptthema der Predigten von Jesus gewesen. Gestern haben wir diesen Satz schon gelesen: *Die Zeit ist erfüllt, und das Reich Gottes ist nahe* (Markus 1,15). So wird die gesamte Anfangsverkündigung von Jesus zusammengefasst. Später ist auch in der Bergpredigt das Reich Gottes das bestimmende Thema, ebenso wenn Jesus nach der Auferstehung seinen Jüngern das mitgibt, was sie noch wissen müssen (Apostelgeschichte 1,3). Wiederum später werden die Boten von Jesus das Evangelium ausbreiten, und wenn man das mit einer Kurzformel zusammenfassen will, dann bietet sich wieder das Reich Gottes als Oberbegriff an. So bündelt Lukas seinen Bericht am Ende der Apostelgeschichte: *Paulus verkündete in aller Offenheit das Reich Gottes und predigte von Jesus Christus, dem Herrn* (Apostelgeschichte 28,31). *Wenn du in dein Reich kommst ...* – es ist, als hätte der Verbrecher mit seiner Frage den Zentralnerv dessen getroffen, wofür Jesus gelebt hat.

Umso erstaunlicher, dass Jesus diesen Ball nicht aufnimmt. Stattdessen spricht er vom Paradies. Das ist ein Fremdwort in der hebräischen Sprache. Ein Begriff, der im Alten Testament nie auftaucht, selbst in der Schöpfungsgeschichte nicht (hier ist nur vom Garten Eden die Rede) und nie sonst in den Evangelien. Wie eigenartig, dass

Jesus jetzt dieses seltene Wort verwendet, zu dem er sonst keinen erkennbaren Bezug hatte. Was bedeutet das?

Gott ist schon längst da

»Paradies« ist ein Wort, das zur Ewigkeit gehört, zum Jenseits. In den Jahrhunderten zwischen dem Alten und dem Neuen Testament ist es nach Israel gekommen und die Theologen haben damals Vorstellungen vom Paradies entwickelt. Als der Verbrecher Jesus fragte, war klar: Auf der Erde hat er keine Zukunft mehr. Er sucht den Platz bei Gott im Jenseits, in der Ewigkeit. Dafür verwendet Jesus dann das passende Wort.

Das Reich von Jesus, die Königsherrschaft Gottes – das sind Ausdrücke, die nun allerdings gerade nicht zum Jenseits passen. Als Jesus kam, sagte er nicht, das Reich Gottes sei die Zukunft für alle, sondern es ist »nahe«. Ja mehr noch: Mit Jesus ist es bereits da. *Wenn ich aber die Dämonen mit dem Geist Gottes austreibe, dann ist das Reich Gottes zu euch gekommen,* sagte er, und auch: *Das Reich Gottes ist mitten unter euch* (Matthäus 12,28; Lukas 17,21). Wer Gottes Reich erst im Jenseits erwartet, unterschätzt Jesus. Wenn Jesus die Formulierung des Gekreuzigten aufgegriffen hätte und gesagt hätte: Noch heute wirst du mit mir im Reich Gottes sein, dann hätte er ihn in seinem Missverständnis noch bestätigt. Als ob Jesus nicht in all den Jahren längst Gottes Königsherrschaft nahegebracht und verkörpert hätte!

Nun ist in der Todesstunde nicht der passende Moment für theologische Erörterungen. Jesus korrigiert seinen Nebenmann nicht ausdrücklich – aber doch beiläufig, nebenher, einfach durch einen Wechsel in der Wortwahl. Der Verbrecher hatte Jesus unterschätzt und offenbar gemeint, er sei nur für das Jenseits zuständig. Jesus stellt das dezent richtig – und sagt dennoch nicht Nein zu der falschen Auffassung des Verbrechers, sondern Ja zu seiner Bitte um Leben. Auch so sieht die Gnade von Jesus aus: korrigieren, ohne zurechtzuweisen, und zugleich als Seelsorger die Lebensnot des Fragenden versorgen.

Falsche Zukunftserwartung

Ich selbst kenne von mir gut diese Haltung: Wenn ich tief in der Tinte sitze, dann ist Gott für mich eine Sache der Zukunft. Irgendwann – so hoffe ich – ist meine Schwierigkeit gelöst, und jenseits dieses Moments treffe ich Gott wieder. So wird Gott für mich zu einem Jenseitsgott.

Nicht, dass ich diese Gedanken klar ausformuliert im Sinn hätte. Aber ich verhalte mich so. Ich erinnere mich: In den Jahren, in denen ich als Pastor arbeitete, gab es manche Woche, die schon vollgestopft war mit Terminen, herausfordernden Sitzungen und Ähnlichem. Und dann kam obendrauf noch die Nachricht: Ein Mitarbeiter hat kurzfristig eine übernommene Aufgabe abgesagt und ich muss es schnell noch selbst machen. Oder eine Beerdigung stand plötzlich an. In solchen Momenten neigte ich dazu, mich irgendwie in mich zurückzuziehen, um alles noch bewältigen zu können. Manche gebrauchen für diese Situation die Formulierung: »auf den frommen Autopilot umschalten«. Das meint: Augen zu und durch, das nötige Programm wird abgespult.

Ich selbst fühlte mich in diesen Stressmomenten wie in einem anderen Szenario: Ich werde in einen Tunnel hineinkatapultiert und muss nun sehen, wie ich da heil hindurchkomme. Ich versuchte dann, nur noch wenig wirklich an mich herankommen zu lassen und das zu tun, was nötig war. Gott habe ich dabei nicht bewusst ausgeklammert. Ich habe meine Arbeit irgendwie schon betend zu tun versucht. Aber für mich selbst, für meine Seele hatte ich ihn erst am Ende des Tunnels wieder erwartet.

Unter anderem Vorzeichen war das genau das Missverständnis des Verbrechers neben Jesus: Gottes Reich ist für die Zukunft da. Hier und jetzt muss ich allein klarkommen. Was für ein Irrtum! Und wie sehr habe ich Jesus dabei unterschätzt!

Zu spät, um noch etwas zu erwarten?

Ich habe Menschen kennengelernt, die Gottes Möglichkeiten noch auf andere Weise unterschätzen. Sie sagen nicht: »Jetzt noch nicht, Gott kommt später«. Sondern eher: »Jetzt nicht mehr – jetzt ist es eh zu spät.« Zum Bekanntenkreis von meiner Frau und mir gehören auch Menschen jenseits der Sechzig, die erst in dieser Lebensphase den Brüchen, Lasten und Verletzungen ihrer Lebensgeschichte auf die Spur gekommen sind. Einige wenige davon hatten den Mut, sich diesen Erfahrungen zu stellen, das Verstörende wirklich an sich heranzulassen und sich um Hilfe zu bemühen – sei es durch einen christlichen Seelsorger, einen Gesprächs- oder einen Psychotherapeuten. Diese Menschen hatten irgendwie Hoffnung gewonnen, dass Gott auch jetzt noch Möglichkeiten für sie hätte. Andere aber haben gesagt oder durch ihre Entscheidungen gezeigt: Jetzt lohnt es sich auch nicht mehr. Ich bin zu alt für einen Neuanfang. Bei mir ist nichts mehr drin.

So sehr ich die Scheu davor verstehe, sich noch einmal ganz verletzlich zu machen, wenn man weite Strecken seines Lebens schon gelebt hat – letztendlich haben diese Menschen ein Bekenntnis abgelegt, nämlich: Gottes Reich hat auf mich keinen wesentlichen Einfluss mehr. Gott ist mit seinen Möglichkeiten im Jenseits, nämlich jenseits dessen, was mir noch helfen kann. Es ist, als ob Jesus nur noch ein fernes »Paradies« liefern könnte, aber für das Hier und Jetzt ist Gottes Königsherrschaft bedeutungslos.

Dieser heutige Dienstag ist eine Gelegenheit, alle Erwartung neu auf Christus zu setzen. Für diesen heutigen Dienstag sagt er: *Die Zeit ist erfüllt, und das Reich Gottes ist nahe. – Das Reich Gottes ist mitten unter euch.*

Und was ist mit all meinen Missverständnissen? Den Momenten, wo ich Jesus zu wenig zutraute? Den Lebensphasen, wo ich durch den Tunnel gehastet bin, er mich kaum berühren konnte und wo ich ihn unterschätzt habe?

Dem Verbrecher am Kreuz hat Jesus keine Vorhaltungen gemacht, sondern seine Bitte erhört, auch nachdem dieser zuvor in seinem Leben viel zu wenig von Jesus erwartet hatte. So spiegelt Jesus den Charakter Gottes wider: *Wenn aber jemand von euch Weisheit mangelt, so bitte er Gott, der allen willig gibt und keine Vorwürfe macht* (Jakobus 1,5).

Für heute:

 An diesem Dienstag ist Gottes Reich ganz in Ihrer Nähe.

In der falschen Kurve sitzen

Heiße Diskussion in der Mitgliederversammlung meiner Gemeinde. Eine weitreichende Entscheidung steht an. Wir als Gemeindeleitung haben unseren Vorschlag gemacht. Längst nicht alle in der Gemeinde sind davon überzeugt. Argumente und auch Befürchtungen füllen den Raum. Ich habe Sorge, dass die Stimmung umkippen wird und die Pläne, die wir für die Zukunft doch als so entscheidend einschätzen, auf Eis gelegt werden.

Für mich ist das eine Stunde der Versuchung. Denn als ich die Menschen reden höre, die sich noch nicht überzeugen ließen, zuckt ein Gedanke durch meinen Kopf: Wenn der jetzt aus der Rolle fällt und unsachlich wird – dann werden alle merken, wessen Geistes Kind er ist. Dann hat er sich diskreditiert. Dann ist seine Position empfindlich geschwächt. Fast kommt es dazu, als wünschte ich, dass sich da jemand bloßstellt oder etwas Dummes sagt.

Moment mal – was spielt sich hier ab? Kann Gott das denn wollen, dass sich jemand verletzend im Ton vergreift? Auf welcher Seite stehe ich denn, wenn ich beginne, mir das Böse zu wünschen?

Es ist, als würde ich im Stadion in der falschen Fankurve sitzen und den Gegner anfeuern. Nur dass der Gegner im Reich Gottes weitaus ernster zu nehmen ist als im Stadion, wo nach 90 Minuten alles vorbei ist.

Seltsame Verbrüderungen

Am Fuß der drei Kreuze auf Golgata finden merkwürdige Zusammenschlüsse statt. Einer der Verbrecher an der Seite von Jesus wendet sich bittend an ihn. Der andere spottet: *Du bist also der Christus? Beweise es, indem du dich rettest – und uns mit!* (Lukas 23,39). Dass er es Jesus wirklich zutraut, ist kaum anzunehmen. Sein Leidensgenosse hört denn auch den Zynismus heraus und weist ihn zurecht: *Hast du nicht einmal jetzt Ehrfurcht vor Gott, da du den Tod vor Augen hast?* (Lukas 23,40).

Und wo sind die Glaubenden? Diejenigen, die sonst immer Ehrfurcht vor Gott haben? Sie reden wie der spottende Verbrecher! Die führenden Männer lachten und spotteten. *»Er hat andere gerettet«,* sagten sie. *»Soll er sich jetzt doch selbst retten, wenn er wirklich Gottes Auserwählter, der Christus, ist.«* Auch die Soldaten verhöhnten ihn (Lukas 23,35-36). Was für eine Verbrüderung! Geistliche Führer, römische Soldaten und ein Gekreuzigter (der nach dem Gesetz von Mose als von Gott verflucht gelten musste) werfen sich die Bälle zu. Ein Wort gibt das andere. Niemand will, dass Jesus jetzt tatsächlich die Macht in die Hand nimmt. Sie treiben nur ihren Spott.

Von römischen Soldaten hätte man nichts anderes erwartet. Aber die Glaubenden sind in die Falle getappt. In die Falle, die ich selbst auch kenne: Applaus für das Böse – damit ich selbst als der dastehe, der Recht hat. Im Hohen Lied der Liebe entlarvt Paulus diese Falle: *Die Liebe … freut sich niemals über Ungerechtigkeit, sondern sie freut sich immer an der Wahrheit* (1. Korinther 13,6).

»Hoffentlich segnet Gott das nicht ...«

Auch zu anderen Gelegenheiten kommt es vor, dass man hofft, Gottes Pläne mögen sich jetzt gerade nicht erfüllen. Da beten Christen, die theologisch bedenkliche Schlagseite haben, um Heilung von körperlichen Krankheiten. Und das, obwohl sie Gottes Verheißungen weit überdehnen und wenig mitfühlende Gedanken für die übrig haben, die dann doch nicht geheilt werden. Solche Gebete kann Gott doch gar nicht erhören wollen, oder? Er wird die doch wohl nicht noch belohnen für ihre einseitigen Auffassungen, die den Reichtum von Gottes Wort gar nicht ausschöpfen und das Erbarmen Gottes für die, die ein gebrochenes Herz haben, kaum widerspiegeln? Was ist aber mit denen, für die man dort gerade um Genesung betet? Wünsche ich ihnen etwa, dass sie krank bleiben?

Drücke ich denen die Daumen, die sagen: »Diese überspannten Glaubenshelden wird Gott nicht segnen!«? Das kann doch wohl nicht sein! *Die Liebe freut sich niemals über Ungerechtigkeit, sondern sie freut sich immer an der Wahrheit.*

Gleiches gilt für Aktionen, mit denen Menschen zum Glauben eingeladen werden sollen. Da gibt es ausgesprochen kreative, liebevolle und christuszentrierte Kirchenveranstaltungen. Und auch solche, die peinlich, abstoßend und letztlich lieblos sind. Bloß – was wünsche ich den Zeitgenossen, die Gäste bei solchen Abenden sind? Was wünsche ich den Mitchristen, die so – wenn auch ungeschickt – vom Evangelium reden? Hoffe ich heimlich auf Misserfolg oder dass Menschen das Leben finden? *Die Liebe freut sich niemals über Ungerechtigkeit, sondern sie freut sich immer an der Wahrheit.*

Gebet oder Selbstgespräch?

Das Lukasevangelium berichtet von dreierlei Personen, die mit Jesus reden: den Soldaten, dem spottendem Verbrecher und dem anderen Verbrecher, der nach ewigem Leben fragt. Alle sprechen Jesus an, aber nur einer ist wirklich offen: der, der Jesus bittet. Der andere Verbrecher und die Soldaten meinen eigentlich nicht Jesus, sondern reden ihm ein Selbstgespräch ins Angesicht.

Die Grenze zwischen echtem und falschem Gebet verläuft hier: ob jemand wirklich Christus, wirklich Gott meint und sich tatsächlich für ihn öffnet – oder ob jemand zwar Gott anredet, aber sich selbst dabei meint und nur auf Selbstbestätigung aus ist. Äußerlich kann sich das fromm anhören und nach Gebet klingen, aber es sind – wie Kurt Marti in einem Gedicht formuliert – »gebete brutzelnd im fett des eigenen namens«.[2]

Wer so betet, reiht sich bei denen ein, die vor Jesus stehen und gaffen. Die Allianz der Selbstgerechten ist sich nicht zu schade, Spötter und heidnische Soldaten in ihre Reihen aufzunehmen. Der einzige echte Beter ist ein Verbrecher, der im Begriff ist, Buße zu tun.

Was würde mich davor schützen, in solch falsches und im Kern faules Beten abzugleiten? Ich bete echt und ehrlich, wenn ich mich dabei selbst aufs Spiel setze. Wenn ich vor Gott nicht das verteidige, was mir bisher als sichere Burg gedient hat. Wenn ich vielmehr die Hände meines Herzens öffne und alles auf Gottes Erbarmen setze: »Jesus, denk an mich!« Und wenn ich für mich bitte oder *für* Gottes Interessen – und nicht *gegen* andere.

Wenn ich so bete, werde ich immer wieder ganz allein vor Jesus stehen. Ich kann nicht in den Windschatten einer Gruppe abtauchen. Eine Gemeinschaft im Gebet kann im Tiefsten erst dann entstehen, wenn jeder Einzelne sich persönlich für Gott öffnet und sich ihm schutzlos aussetzt. »Jesus, denk an mich« – auf solches Gebet wird er dann gern reagieren: *Der Herr denkt an uns und wird uns segnen* (Psalm 115,12).

Für heute:

 »Vater im Himmel, lass mich unbestechlich sein, wenn etwas kritisiert werden muss, aber bewahre mein Herz, damit ich mich in Liebe an der Wahrheit freue. Bewahre mich davor, das Falsche bei anderen groß zu machen, um selbst besser dazu stehen.«

Das Geschenk der Nähe

»Wenn du gestorben bist und in Gottes Herrlichkeit kommst, dann nimm mich bitte mit« – das ist es, was der Verbrecher von Jesus haben wollte. Jesus aber schenkte ihm mehr als das. Nicht nur, dass der Mann trotz seiner Schuld ins Reich Gottes hineinkommen konnte. Sondern auch, dass er in der Nähe von Jesus sein durfte, also doch wohl im Zentrum und nicht irgendwo verschämt am Rand!

Im Judentum erwartete man damals, dass es im Paradies durchaus verschiedene Abteilungen geben würde. Dabei spiegeln sich – einigen Schriftgelehrten zufolge – die menschlichen sozialen Unterschiede auch im Paradies wieder. »Es wird jedermann der Wohnsitz zugewiesen mit seinesgleichen«, sagte einer, und ein anderer Ausspruch lautet: »Obgleich alle den Geschmack des Todes schmecken, hat doch jeder seine Welt für sich.«[3] Wenn Jesus sagt: *Heute wirst du mit mir im Paradies sein*, dann durchbricht er diese Grenzen und macht gleichzeitig klar, dass die Sünden des Verbrechers kein Hindernis sind – sie müssen also vergeben sein.

Jesus wollte enge Begleiter

Ganz eng in der Nähe von Jesus sein dürfen – das ist eine einzigartige Auszeichnung. Aber keine, die erst für die Ewigkeit zu erwarten ist. Sondern genau dazu hat Jesus schon zu Lebzeiten seine Nachfolger bestimmt: *... er berief zwölf, damit sie bei ihm seien und damit er sie aussende* (Markus 3,14). Sie sollen zuallererst mit ihm sein. Danach erst kommt die Aufgabe. In dieser Bestimmung liegt die Würde der Schüler von Jesus.

Nicht nur die Zwölf durften von da an ein Leben in der Nähe von Jesus führen. Auch anderen Nachfolgerinnen hat er diese Aufmerksamkeit geschenkt: *Und es geschah danach, dass er nacheinander Städte und Dörfer durchzog, indem er predigte und die gute Botschaft vom Reich Gottes verkündigte; und die Zwölf **mit ihm**, und einige Frauen, die von bösen Geistern und Krankheiten geheilt* *worden waren* (Lukas 8,1-2a). Was haben diese Menschen, die mit ihm waren, erlebt?

Jesus hat ihnen Wertschätzung entgegengebracht, sie ermutigt und auch korrigiert. Sie durften ihm in die Karten schauen – eng miterleben, wie er fühlte, entschied, handelte und betete. Jesus hat sie auch herausgefordert und sie mit Aufgaben betraut. An denen sind sie gewachsen oder gescheitert – aber wenn sie scheiterten, dann empfingen sie Vergebung und eine neue Chance.

Das Wichtigste jedoch: Jesus hat sie ins Vertrauen gezogen. Genauso soll es sein für Menschen, die an Jesus glauben. *»Ich nenne euch nicht mehr Diener, weil ein Herr seine Diener nicht ins Vertrauen zieht. Ihr seid jetzt meine Freunde, denn ich habe euch alles gesagt, was ich von meinem Vater gehört habe«*, sagt Jesus (Johannes 15,15). Diese kostbare Nähe zu Jesus kann man kaum verspielen. Dass jemand vor Jesus versagt, ist jedenfalls kein Hindernis, denn Christus ist der, der gerecht spricht. Die größte Gefahr für das Geschenk der Nähe ist, dass man es nicht mehr zu schätzen weiß. Das war die Ecke, in die sich der ältere Sohn im Gleichnis von Jesus gestellt hat. *»Du bist doch allezeit bei mir«*, sagte der Vater ihm – während dieser Sohn sich selbst verhalten hat wie ein Sklave (Lukas 15,29.31). Das Geschenk der Nähe war die ganze Zeit da, aber es blieb unentdeckt.

Mit ihm im Alltag

Wie lebe ich heute in der Nähe von Jesus?

Vielleicht beginnt es damit, dass ich mir klar mache: Jesus *will* mich bei sich haben. Er lässt es nicht widerwillig zu, ich bin ihm keine lästige Klette, und wenn ich ihn anspreche, ist es keine Unterbrechung für ihn, als ob ich ihm ungefragt dazwischenreden würde. Sondern er hat mich gerade dazu bestimmt, *mit ihm* zu sein. Er will es nicht anders.

Warum? Was will er von mir? Falsche Frage! Was will er für mich? – das trifft es besser. Vor allem will er mich ins Vertrauen ziehen. Ich bin keiner, der bloß ausführen soll, was angeordnet wird, sondern ich soll und darf verstehen, was den Vater bewegt. Ich soll und darf die Absichten Gottes erfassen und sein Herz spüren. Natürlich wird das keiner immer können: verstehen, warum Gott so oder so handelt. *»Du verstehst jetzt nicht, warum ich das tue; eines Tages wirst du es verstehen«*, musste Jesus einmal zu Petrus sagen (Johannes 13,7), und für uns kann dieser Tag manchmal noch sehr lange auf sich warten lassen. Aber wenn ich Unverständliches von Gott empfange, soll ich dennoch nicht an seinem Vaterherzen zweifeln. Um mir das klarzumachen, zieht Jesus mich in seine Nähe und lässt mich *mit ihm* sein.

Das praktisch auszugestalten – da fallen einem sicher gleich die christlichen Grundübungen wie Beten, Bibel lesen, anderen dienen und Stille suchen ein. Doch wichtig ist, dass das Gebet viel mehr ist als eine »Übung« – eine Zwiesprache nämlich. Wenn Jesus mich ins Vertrauen ziehen will, darf ich unbekümmert zurückfragen: »Warum ist das jetzt so? Was hast du vor? Kannst du mir das noch einmal genauer zeigen? Was fühlst du, wenn du dir dies hier ansiehst?«

Der Verbrecher neben Jesus am Kreuz hatte für dieses kostbare Leben in der Nähe von Jesus keine Zeit mehr. Es waren die letzten Stunden seines Lebens, und erst jetzt war es für ihn erstrebenswert, »mit Jesus« zu sein. Aber auch jetzt noch, an der Schwelle zur Ewigkeit, war das Geschenk der Nähe zu Jesus überragend kostbar. Gerade jetzt. Jesus hatte vorausgesehen, dass es besonders sein Kreuz war, das viele Menschen zu ihm einladen würde: *Und wenn ich am Kreuz aufgerichtet bin, werde ich alle zu mir ziehen* (Johannes 12,32). Dieser Ausblick reicht weit über Jesus' Todesstunden hinaus. Das Kreuz hat seit Tausenden von Jahren diese Anziehungskraft, weil es rettet. Aber in dem einen der beiden Verbrecher ging dieser Ausblick von Jesus zum ersten Mal in Erfüllung.

An der Schwelle zur Ewigkeit

Die Nähe zu Jesus kann in der eigenen Todesstunde noch einmal ihre besondere Kraft entfalten. Ist das ein Gedanke nur für alte Menschen, für Hochbetagte? Ich habe mich schon als Student darüber geärgert, dass ältere Leute meinten: »Euch Jungen geht es ja noch gut, ihr kennt ja noch keine Schmerzen und schweren Krankheiten.« Das ist für mich eine ziemlich weltfremde Sichtweise. Schon als ich in den Zwanzigern war, gehörten zu meinem Bekanntenkreis viele aus meiner Generation, die an Morbus Crohn, Morbus Bechterew und anderen ernsten chronischen Erkrankungen litten. Und auch mit tragischen Todesfällen Gleichaltriger wurden wir konfrontiert. Seitdem hat das natürlich noch zugenommen. Ich habe an Gräbern von Menschen gestanden, die friedlich, alt und lebenssatt gestorben sind, und auch an Gräbern von anderen, die brutal aus dem Leben weggerissen wurden, und zurück blieben die weinenden Ehefrauen, Eltern und kleinen Kinder. Die Frage, wie ich dem Tod begegne und wie ich über die Schwelle zur Ewigkeit komme, stellt sich längst nicht erst jenseits der Sechzig.

Für mich gibt es kaum eine größere Hoffnung als die, die in Jesus' Worten an den Verbrecher enthalten ist: *Heute wirst du mit mir im Paradies sein.* Dabei ist das Versprechen »*mit mir*« für mich viel tröstlicher als die Aussicht auf das Paradies. Dass Jesus, der vorangegangen ist, an der Schwelle auf mich wartet, mir die Hand reichen wird und mich zu sich ziehen wird – das ist ein Bild, das ich vor Augen haben möchte, wenn ich einmal sterbe.

Der Verbrecher neben Jesus am Kreuz konnte auf nichts anderes setzen als auf Gottes Vergebung und dass Jesus »Ja« zu seiner Bitte sagte. Doch wer ehrbarer gelebt hat als dieser Mann, steht nicht besser da. Martin Luther sagte es so:

»Ob ich auch noch schlechter bin als diese [nämlich Judas und die Sünderin, die zu Jesus kam], ich halte meinen Herrn fest. Dann spricht er zum Vater: ›Dieses Anhängsel muss auch durch. Es hat zwar nichts gehalten und alle deine Gebote übertreten. Vater, aber er hängt sich an mich. Was soll's! Ich starb auch für ihn. Lass ihn durchschlupfen.‹ Das soll mein Glaube sein.«

Für heute:

 Über diesen Donnerstag hat Jesus einen ausdrücklichen Wunsch geschrieben: Er will Sie bei sich haben.

Dieser nimmt die Sünder an und stirbt mit ihnen

Dietrich Bonhoeffer, evangelischer Pfarrer und Widerstandskämpfer gegen Hitler, war in mehrfacher Hinsicht eine Ausnahmeerscheinung. Er hatte Voraussetzungen, die nur wenige von uns haben, und er machte etwas daraus, was nicht vielen von uns gelungen wäre.

Bonhoeffer stammte aus einem Elternhaus, in dem er einen ungewöhnlich großen Schatz an Bildung und Kultur mitbekam. Er selbst war ausnehmend intelligent. Mit 21 war er Doktor der Theologie. Mit seinen Studien war er so früh fertig, dass er noch kein Pfarramt beginnen konnte – nach damaligem Kirchenrecht war er zu jung dafür.

Später dann, als Pfarrer in Berlin, gehörte Konfirmandenunterricht zu seinen Aufgaben, und zwar in einem Arbeiterviertel, das kulturell ganz anders gelagert war als er selbst. Er unterrichtete die Arbeiterkinder aber nicht nur, sondern verbrachte viel Zeit mit ihnen. Er mietete sich sogar eine Wohnung in ihrem Stadtteil, damit sie ihn, wann immer sie wollten, besuchen konnten. Bonhoeffer wechselte bewusst in eine – wie man so sagt – schlechtere Gesellschaft.

Sein weiterer Weg in den politischen Widerstand war abenteuerlich. Am Ende wurde er verhaftet und nach zwei Jahren Haft hingerichtet. Das war eine kurzfristig angeordnete Aktion und das Krematorium des KZ Flossenbürg, wohin man ihn eilig geschafft hatte, war defekt. Seine Leiche – und die seiner Leidensgenossen – wurden deshalb auf freiem Feld vor dem KZ verbrannt. Sein Biograph Eric Metaxas schreibt: »Auch hierin hatte Bonhoeffer die Ehre, ein Symbol für die Christusnachfolge zu werden, wie es in der Bibel Hebräer 13,11-14 von Jesus heißt, er habe ›draußen vor dem Tor‹ gelitten, so wie auch die alttestamentlichen Tieropfer ›außerhalb des Lagers‹ verbrannt worden seien.«[4]

Im Leben umgab er sich mit Menschen, die nicht zu Seinesgleichen gehörten, und am Ende war er ein Verworfener. Wie Christus.

Er starb, wie er lebte

Auch Jesus starb, wie er gelebt hatte: draußen und in »schlechter Gesellschaft«. Zu Lebzeiten stellte man kopfschüttelnd fest: *Dieser nimmt Sünder an und isst mit ihnen* (Lukas 15,2 lut). Für Jesus am Kreuz, zwischen zwei Verbrechern hängend, gilt nun entsprechend: Dieser nimmt die Sünder an und stirbt mit ihnen.

Doch so wie man eine »Ehre« für Bonhoeffer darin sehen kann, dass seine sterblichen Überreste auf nackter Erde verbrannt wurden, so hat Jesus in seinem Tod, gekreuzigt zwischen zwei Verbrechern, auch seine besondere Würde. Denn darin erfüllt sich die Prophetie von Jesaja. Auf diese Weise wird Jesus – wie schon früher oft, so auch jetzt – eins mit dem Bild des erwählten Dieners Gottes: *Er ging in den Tod und ließ sich unter die Verbrecher zählen* (Jesaja 53,12 gnb).

Was sagt das über Jesus, dass er so starb?

Die Wesensart von Jesus

Der Weg des Sohnes Gottes zu uns Menschen war kein Gastspiel, und am Ende hätte er sich wieder dorthin zurückgezogen, woher er kam. Vielmehr er ist den Weg mit uns konsequent zu Ende gegangen. Ohne Notausstieg, ohne Schleudersitz und Rettungsfallschirm. Von ganzem Herzen ist er bei der Art und Weise geblieben, wie er gelebt hat: umgeben von Menschen, mit denen viele andere nichts zu tun haben wollten. Den Schatten, den viele Menschen über den Außenseitern sahen, hat er auch auf sich fallen lassen.

Bis zuletzt ist er bei denen geblieben, die ihn brauchten. Die Verbrecher links und rechts haben ihn als Erlöser gebraucht (und einer von ihnen hat das auch gemerkt). Die führenden Männer Israels und das Volk unter dem Kreuz haben ihn gebraucht als Propheten, der ihnen sagt: *So weit* geht Gott für euch (und einer, der Hauptmann, hat das auch erkannt). Seine Mutter hat ihn gebraucht, damit er ihr einen neuen Sohn zusprach, nämlich den besonders geliebten Jünger. Von seinem Auftrag, bei den Menschen und für die Menschen da zu sein, hat Jesus sich auch in seiner letzten Stunde nicht zurückgezogen. Das sagt die Art, wie er starb, über ihn aus.

Und was sagt sein Sterben über mich aus?

Jesusmäßig leben

In keinem Moment meines Lebens kann ich mich so sehr beschmutzt oder so sehr erniedrigt haben, dass Jesus sich von mir abwenden würde. Er lässt sich zu den Sündern zählen, auch zu denen (wie der spottende Verbrecher), die ihn nicht als Erlöser erkennen. Ich selbst zwar kann Jesus den Rücken kehren, aber meine Schuld und mein Scheitern stoßen ihn dann nicht ab. Und auch wenn ich von anderen Menschen entwürdigt werde, hat Jesus seine ganz eigenen Maßstäbe für Würde. Jesus – dieser nimmt die Sünder an und stirbt sogar mit ihnen.

Sein Tod muss aber noch eine weitere Auswirkung auf mein Leben haben. Wenn ich Jesus nachfolge, ist es meine Berufung, »jesusmäßig« zu leben. Und auch die Gemeinde – jede Kirche, die sich christlich nennt – ist gerufen, jesusmäßig zu sein. Und zwar nicht nur in ihren Worten, Liedern und Bekenntnissen, sondern auch in ihrer Gestalt, ihrer Organisationsform, ihrem Jahreshaushalt, ihren Taten und in ihrem Umgang mit Menschen. Nicht nur von Jesus, sondern auch von uns Jesusleuten muss man sagen können: Diese nehmen die Sünder an und essen mit ihnen.

So litt und starb auch Jesus außerhalb der Stadttore, um sein Volk durch sein vergossenes Blut zu heiligen. Lasst uns deshalb zu ihm hinausgehen, vor das Lager, und die Schande tragen, die er auf sich nahm (Hebräer 13,12-13).

Für heute:

 Wer braucht es heute besonders, dass Jesus ihn annimmt und mit ihm »isst«? Ich selbst? Jemand, den ich kenne?

Das umgehängte Schild

Vor einiger Zeit fuhr ich eine längere Strecke im ICE. Weil ich währenddessen an einem Buch arbeiten wollte, hatte ich eine Bibel auf den Tisch gelegt, die ich dazu brauchte. »Sind Sie Pfarrer?« fragte mich bald ein Mann, der mir gegenübersaß (und sich als ersten Einfall wohl nur berufsmäßige Bibelleser vorstellen konnte). Daraufhin ergab sich ein längeres Gespräch – mit meiner Arbeit wurde es nichts. Mein Gegenüber entpuppte sich als Buddhist. Was ihm vor allem am christlichen Glauben nicht zusagte, war die Stellvertretung durch Jesus: dass man jemand anderen braucht, um zu Gott zu kommen. Das, so meinte er, macht die Menschen unselbstständig und passiv.

Ich erzählte ihm, dass für mich die Stellvertretung gerade das Beste an Christus ist. Und dass man gerade erst dann frei und aktiv werden kann und Rückgrat bekommt, wenn man sich auf Jesus verlässt. Dass mein Mitreisender es anders sah, war vielleicht ein Vorurteil, vielleicht hatte er aber auch an Christen irgendetwas Gelähmtes, Unmündiges beobachtet.

Der Verbrecher am Kreuz brauchte jedenfalls Jesus unbedingt, um zu Gott zu kommen. Indem Jesus nicht sagte: »Heute wirst du deinen Platz im Paradies einnehmen«, sondern: *»Heute wirst du mit mir im Paradies sein«*, hat er damit zugleich gesagt: Auf mein Wort hin wird deine Schuld nicht ins Gewicht fallen – ich erkläre sie für vergeben. Das, was Jesus schon früher getan hatte – an Gottes Stelle Sünden vergeben (Matthäus 9,2) –, das tat er auch jetzt zuletzt.

Römischer Brauch: Das plakatierte Vergehen

Nach römischem Brauch mussten Verbrecher, die hingerichtet wurden, eine Tafel haben, auf die ihr Delikt aufgeschrieben war. Oft trugen sie dieses Schild um den Hals gehängt. Über den römischen Kaiser Caligula schreibt der Historiker Sueton: »Während eines öffentlichen Festmahls in Rom übergab er kurzerhand einen Sklaven den Scharfrichtern, weil der einen Streifen Silber gestohlen hatte … Er wurde den Gästen vorgeführt, wobei ein Schild vorangetragen wurde, auf dem sein Vergehen zu lesen war.«[5]

Von Jesus wissen wir, dass man sein Schild über dem Kopf ans Kreuz genagelt hatte. Vermutlich gab es solche Schilder auch für die anderen beiden Verbrecher – an ihr Kreuz oder um ihren Hals gehängt. Was darauf stand, wissen wir nicht. Das Schild von Jesus sagte, er sei der König der Juden. Eine launige Ausdrucksweise, die Spott enthielt (Seht mal, was für ein lächerlicher König!) und zugleich auch das Delikt angab: ein Aufständischer, der die Regierung absetzen wollte. Er war also wie diese beiden anderen Zeloten – nur dass dieser in der Mitte es naiv angestellt hatte und so dumm war, gleich selbst König werden zu wollen. So ungefähr hatten ihn die Römer gesehen.

Jesus die Schuld anhängen

Als die drei dann, jeder zu seiner Zeit, gestorben waren, hingen ihre Körper unter ihren Schuld-Schildern. So sah es zumindest für jeden aus, der vorüberging. Vor Gott allerdings zeigte sich ein anderes Bild. Der Mann in der Mitte hatte zwei Schilder an seinem Kreuz hängen und einer seiner Seitenmänner war nun ohne Schild. Ohne Schuld. Er hatte sein Schild um-hängen dürfen. Er durfte seine Schuld Jesus anhängen. Nun hatte Jesus diese fremde Schuld zu tragen. Schon das erste Schild – »Jesus von Nazaret, König der Juden« – hatte ja Wahrheit enthalten, aber keine Schuld von Jesus gezeigt. Er war zu Unrecht gekreuzigt worden. Nun, nach dem Tod, trat der eine der beiden Verbrecher ohne Schuld vor Gott hin und Jesus kam mit fremder Schuld zu Gott. Gott achtete und akzeptierte das, so dass beide, der Verbrecher und Jesus, miteinander ins Paradies gingen. Auch Jesus, obwohl ihm fremde Schuld angehängt war.

Denn – so sieht es Gott – es wird *mein gerechter Diener Gerechtig-*
keit für viele erwirken, denn er wird ihre Sünden auf sich nehmen.
Deshalb werde ich ihm seinen Anteil unter den Großen geben …
denn er hat sein Leben geopfert und sich zu den Sündern zählen
lassen. Tatsächlich aber hat er die Sünden vieler getragen und ist
für die Sünder eingetreten (Jesaja 53,11b-12).

Der Verbrecher, der sozusagen sein Schild an das Kreuz neben
sich hing, der seine Schuld Jesus anhängte – er ist ein Modell für
jeden Menschen. Auch für die ehrbaren, die keine dunkle Karriere
hinter sich haben wie der aufständische Zelot. Warum ist das so?

Was niemand selbst wiedergutmachen kann

Der Verbrecher am Kreuz ist ein Modell für jeden Menschen, weil
niemand vor Gott seine eigene Gerechtigkeit aufrechterhalten kann.
Es kommt nicht auf das Maß der Missetaten an und auch nicht auf
das Quantum der Selbstlosigkeit. Es kommt vielmehr auf die Lebenszeit an, die ich mit Gott lebte oder an ihm vorbei. Er ist mein
Schöpfer. Jede Sekunde Lebenszeit verdanke ich ihm, keine einzige
konnte ich mir selbst verschaffen. Die Zeit wurde mir gegeben, damit ich sie in Gottes Gegenwart lebe und anerkenne, dass er mein
Gott ist. Weite Strecken dieser Zeit aber habe ich nicht so gelebt,
sondern in eigener Regie, nach meinen eigenen, in mir verkapselten
Maßstäben. Diese Zeit habe ich letztlich meinem Schöpfer gestohlen. Und das kann ich selbst nicht wiedergutmachen. Denn ich kann
zwar vieles ersetzen oder reparieren, was ich anderen nahm oder
was ich zerstörte. Aber verlorene Zeit ist weg – ich kann sie nicht
erstatten. Ich bin vor Gott verschuldet, und zwar für jede Stunde, in
der ich ihn nicht meinen Gott sein ließ.

Das wiedergutmachen, das kann nur derjenige, der seinen himmlischen Vater stets und ohne jede Unterbrechung seinen Gott sein
ließ: Jesus. Mir bleibt nichts anderes übrig, als mich vollkommen
auf Jesus zu verlassen und meine Verschuldung ihm zu übertragen.
Mein Schuldschild an sein Kreuz zu hängen.

Mündig, aufrecht, aktiv

Ich bin davon überzeugt, dass gerade diese Übertragung mich mündig und frei macht. Gerade weil ich Jesus bitte, mein Stellvertreter vor Gott zu sein, kann ich dann aktiv, mutig und eigenverantwortlich werden – anders, als es mein buddhistischer Mitreisender im ICE meinte. Denn ich muss mich vor Gott nicht mehr um etwas bemühen, das ich doch nie selbst erreichen kann: Gerechtigkeit. Indem ich diesen Versuch aufgebe und Jesus das für mich tun lasse, wird mein Rückgrat aufrecht und werden meine Hände frei dafür, was ich nun wirklich selbst anpacken soll. Ich kann Verantwortung für die mir verbleibende Zeit meines Lebens übernehmen. Verantwortung für die Spuren, die ich im Leben anderer und in der Schöpfung hinterlasse. Ich werde mich sehr gelassen und gelöst darum kümmern können, denn ich muss das nicht tun, damit Gott mich *dann* annimmt, sondern ich kann es tun, weil er mich – wegen Jesus – angenommen *hat*.

Nichts vor Gott erreichen müssen

Unter uns Christen gibt es wahrscheinlich viele, die es kaum fassen können, dass sie bereits bei Gott angekommen sind. Viele leben so, als müssten sie sich erst zu Gott hin-beten, hin-preisen, hin-dienen, hin-verzichten. Das sieht man ihnen nicht auf den ersten Blick an, aber die Dunkelziffer der Christen, die so empfinden und leben, scheint mir ziemlich hoch zu sein.

Dabei macht Christus es uns allen sehr einfach! So einfach wie dem Verbrecher neben ihm am Kreuz. Er übernimmt mein »Schild«, meine Schuld. Ich bin bei Gott angekommen. Jetzt, von hier aus, geht das Leben erst wahrhaftig los.

Für heute:

 Ist es für Sie eine vertraute Vorstellung, aufrecht und mit Rückgrat vor Ihren Gott zu treten?

»Frau, siehe, dein Sohn!« – »Siehe, deine Mutter!«

Johannes 19,26-27

3. Woche

Die verwaiste Mutter bleibt nicht allein

Unter dem Kreuz von Jesus hielten sich so unterschiedliche Menschen auf: Passanten, die nur kurz interessiert waren; Soldaten, die sich die Zeit vertrieben; Zuschauer, die sich das Schauspiel länger ansahen und ihre hämischen Kommentare riefen; Priester und andere führende Juden, die in den Spott einstimmten. Von Jesus' Jüngern ist nicht berichtet, dass sie ihn alle im Sterben begleiteten, auch nicht von seinen leiblichen Brüdern.

Nur eine besondere Gruppe steht still da. Weder spotten diese Menschen noch gehen sie bald weiter. Es sind vier Frauen, darunter Jesus' Mutter und seine Tante. Und, ja doch, einer seiner Jünger ist da: der, der ihm besonders nahesteht (Johannes 19,25-26). Was sie dort tun, wird im Bericht der Evangelien nicht gesagt. Wir können vermuten, dass sie beten, weinen, vielleicht manchmal flüstern, vielleicht auch zunehmend erstarrt schweigen.

Die längste Vergangenheit – der stärkste Schmerz

Mutter Maria ist diejenige von ihnen, die die längste Vergangenheit mit dem Sterbenden hat. Sie hatte damals das Unfassbare von Gott angenommen: ohne Kontakt mit einem Mann schwanger zu sein. Sie hatte die Weisung des Engels gehört, den Bericht der Hirten, die prophetischen Worte von Simeon und Hanna. Später aber verstand sie Jesus nicht mehr und hielt ihn für überdreht – wie seine ganze Familie (Markus 3,21). Dennoch war ihr klar, dass ihr Sohn seinen besonderen Weg von Gott und mit Gott hatte. Dazu waren die Umstände der Geburt zu deutlich und die prophetischen Worte zu klar, als dass es endgültige Zweifel hätte geben können.

Für die anderen Frauen und den Jünger unter dem Kreuz hatte dann auch irgendwann ihre Geschichte mit Jesus begonnen, aber

Marias Geschichte ist die längste. Ihr Schmerz ist am größten. Ihre Seele ist am tiefsten durchschnitten.

Plötzlich spricht Jesus sie an, sie und seinen besonders geliebten Jünger. *»Frau, das ist jetzt dein Sohn«,* sagt er zu ihr. Und zu ihm: *»Das ist nun deine Mutter.«* Jesus sieht die Lücke, die er bald in das Leben und in die Seele seiner Mutter reißen würde. Er weiß, was sie braucht, und in den letzten Stunden seines Lebens gibt er es ihr.

Was braucht eine verwaiste und vermutlich verwitwete Mutter (von Josef ist schon lange nicht mehr die Rede, seit Jesus zwölf war; er lebt wohl schon viele Jahre nicht mehr)? Wenn der Erstgeborene stirbt und seine alte Mutter zurücklässt, dann ist sie ohne Schutz und ohne Versorgung. Ist das der Grund, warum Jesus einen neuen Sohn für sie einsetzt?

Wahrscheinlich nicht. Denn Jesus hat mehrere Brüder, und dem Brauch zufolge wird natürlich der zweite Sohn die Aufgaben des Erstgeborenen übernehmen, sich um die Mutter kümmern und sie versorgen. Vielleicht hat er das schon seit Jahren getan, nachdem Jesus Nazaret verlassen hat und durchs Land gezogen ist.

Wozu aber dann der »neue Sohn« an Jesus' Stelle, dieser Jünger, dem Jesus besondere Zuneigung entgegengebracht hatte?

Die eigene Geschichte mitbringen

Er bringt etwas mit, was Jesus' Brüder nicht haben, was aber ab sofort unbedingt nötig sein wird für Maria. Er bringt seine Geschichte mit Jesus mit. Wenn Jesus bald tot sein wird, dann wird seine Mutter wohl ins Bodenlose fallen. Nicht nur, weil sie ihren Sohn verlor, sondern gerade weil sie einen so besonderen, so göttlichen Anfang mit ihm hatte. Die größten Verheißungen Gottes lagen auf ihm und damit auf ihr – und nun ist er tot. Wer soll sie da auffangen?

Die Brüder von Jesus können es nicht. Sie glauben nicht an ihn, an seine Herkunft von Gott und seinen Auftrag von Gott. Sie haben wohl beobachtet, was ihr Bruder treibt, es aber nicht verstanden. Einmal wollten sie ihn anstacheln, nun endlich als der Messias hervorzutreten, als der er sich doch offenbar ausgab – aber dahinter steckte kein Glaube, sondern im besten Falle ein gutgemeinter verständnisloser Ratschlag, im schlechteren Falle bloßer Spott (Johannes 7,1-5). Sie glauben nicht – noch nicht. Sie können ihre Mutter nicht auffangen.

Der besonders vertraute Jünger von Jesus kann es. Er kann verstehen, was Maria geglaubt hat, seit sie zum ersten Mal schwanger war, seit sie den himmlischen Boten und die menschlichen Boten Gottes hörte. Er weiß, welche Gotteshoffnung es ist, die da gerade abstirbt, als sie unter dem Kreuz stehen. Denn es ist auch seine eigene Hoffnung. Maria und der besondere Jünger, beide haben je ihre eigene Geschichte mit Jesus, und die scheint gerade zu Ende zu gehen. Beide sind verbunden in ihrer tiefen Verstörung, vielleicht Verzweiflung. Jesus hat seiner Mutter einen Tröster und Begleiter geschenkt – den einzigen, der dafür infrage kommt. Die Brüder können es ja nicht, und die übrigen Jünger sind verschwunden.

Der Christuserfahrung Worte geben

Nicht viele Menschen stehen heute vor so einem Abgrund wie Maria damals. Aber verstört sein, verwirrt sein, den Kurs verloren haben – das ist vielen vertraut. Das passiert eigentlich jedem regelmäßig. Jesus hält so ein Geschenk, wie es Maria bekam, für uns alle bereit: nämlich Menschen zu schicken, die ihre eigene Geschichte mit ihm haben und die von dieser Geschichte etwas mitteilen. Das gehört zum tiefsten Wert christlicher Gemeinschaft, dass man einander Anteil geben kann an dem, was Christus im eigenen Leben geprägt hat. Wer den Mut hat, davon zu reden, und es riskiert, jetzt besonders »fromm« dazustehen, wer die Hemmung überwindet, sehr persönliche Erfahrungen weiterzugeben, und seiner Geschichte mit Christus Worte verleiht – der kann andere auffangen, die desorientiert, mutlos oder verzweifelt sind. Dabei kommt es nicht so sehr darauf an, dass man exakt nachfühlen kann, was der andere durchmacht. Dessen Geschichte ist eine andere als die eigene, so wie Marias Geschichte eine andere war als die des besonders geliebten Jüngers. Aber beide Lebensgeschichten, die des anderen und meine, haben einen gemeinsamen Nenner: Christus. Darin können wir uns treffen. Dadurch können wir uns tragen.

In manchen Kirchen und Gemeinden gibt es Orte, wo man von seiner Christus-Geschichte berichten kann: Zeit für Erfahrungsberichte im Gottesdienst, Gebets- oder Hauskreise, die so eine persönliche Nähe ermöglichen.

Wenn einer die Geschichte des anderen kennt

Der Jünger unter dem Kreuz, den Maria als neuen Sohn gegeben bekommt, wird wenig später einen anderen Mann ermutigen, damit der seine Christus-Geschichte wiedererkennt. Als Petrus mit anderen Jüngern am See von Tiberias vergeblich fischt – Jesus ist bereits auferstanden, aber das wissen sie noch nicht –, ruft ein Mann am Ufer Petrus zu, er soll doch zur anderen Seite hin das Netz auswerfen. Petrus tut das und macht einen unglaublich großen Fang. Und nun ist es eben dieser Jünger, den Jesus besonders lieb hatte, der Petrus die Augen öffnet: *»Es ist der Herr!«* (Johannes 21,7). Dieser Jünger kennt die Christus-Geschichte von Petrus und weiß deshalb, dass Petrus in seiner Anfangszeit so etwas schon einmal mit Jesus erlebt hat (Lukas 5,6). Noch bevor Petrus irgendetwas begreifen oder sagen kann, spricht dieser Jünger es aus: »Jetzt wieder – *es ist der Herr!«*

Wie gesegnet bin ich, wenn ich einen anderen habe, der meine Glaubensgeschichte kennt und mich daran erinnern kann, wenn ich das gerade brauche! Ich persönlich bin mit einer Ehe beschenkt, in der solcher Austausch über Glaubenserlebnisse möglich ist. Voraussetzung dabei ist natürlich, dass ich davon rede; dass ich meiner Christus-Geschichte Worte verleihe.

Dies ist das Geschenk, das Jesus auch heute noch macht: Er schenkt Begleiter, die mich auffangen, wenn ich taumele, und auch ich soll bereit sein, andere so zu tragen.

Für heute:

 Welcher Gesichtspunkt Ihrer Geschichte mit Christus könnte für jemand anderen ermutigend sein?

Trösten heißt: die Realität zeigen

Es kommen auch wieder bessere Tage! Jeder muss mal tief durch, aber vielen anderen geht es noch schlechter. Gibt es nicht dennoch viele Dinge, für die du dankbar sein kannst? Ich kenne das, ich habe so was auch schon erlebt, und glaub mir, das war nicht leicht! Aber es ging weiter!

Kennen Sie solche Sätze, die trösten sollen, aber ihre gut gemeinte Wirkung komplett verfehlen?

Das Wort »Trost« hat in unserer Sprache keinen besonders guten Klang. Es kommt in Wortverbindungen vor wie »billiger Trost« oder »schwacher Trost«. Vertröstet werden möchte niemand. Der Ausdruck »das war ein starker Trost« ist dagegen ungewöhnlich. Jemand anderen zu trösten, ist offenbar keine leichte Sache.

Alle Trauernden trösten, das gehört zu den Aufgaben des Boten Gottes, der sich im Jesajabuch vorstellt (Jesaja 61,2-3). Als Jesus Hunderte von Jahren später kam, hat er die Mission dieses Boten übernommen und seinen Dienst ausgeübt. *Weine nicht!* ist ein Satz, den der Tröster Jesus mehrfach zu Trauernden gesagt hat. Jetzt ist es seine eigene Mutter, die unter dem Kreuz steht und Trost braucht. Jesus selbst kann ihr den kaum geben – er ist ja vielmehr die Ursache dafür, dass sie bestürzt und voller Trauer ist.

Jesus stellt ihr einen anderen Tröster zur Seite: den Jünger, den er besonders liebte. Die christliche Tradition hat in dieser Person seit Langem den Jünger Johannes gesehen. Aber auffällig ist, dass das vierte Evangelium seinen Namen nie nennt und auch sonst keine Hinweise auf seine Identität gibt. Um das Besondere an diesem Mann zu verstehen, ist es für uns offenbar nicht nötig, seinen Namen zu kennen. Wichtig ist, was Jesus ihm anvertraut hat.

Ausgebildet für die Zeit danach

Dieser Jünger ist besonders befähigt, Maria zur Seite zu stehen, denn er hat etwas von Jesus empfangen, das Maria fehlt. Er hat zusammen mit den anderen elf Jüngern eine intensive Vorbereitung auf den Abschied von Jesus erhalten. Das Johannesevangelium hat diese Vorbereitung in den sogenannten Abschiedsreden zusammengefasst (Johannes 13–17). Dort hat Jesus gezeigt, worauf es ankommt, wenn er selbst körperlich nicht mehr da sein wird. Diese Zeit wird nicht von Mangel geprägt sein und nicht von der Lücke, die Jesus hinterlässt. Sondern eine ganz spezielle Art von Fülle bestimmt diese Zeit.

In den Momenten, als Jesus stirbt, und in den Stunden danach wird dem Jünger nicht alles gleich eingefallen sein, was er von Jesus gehört hat. Aber er trägt diese Worte wie einen Schatz in sich und kann ihn bald für sich und für andere nutzbar machen – z.B. für Maria, die jetzt seine neue Mutter ist.

Womit man rechnen sollte

Jesus hat seinen Jüngern in seinen Abschiedsreden den Blick auf eine Realität eröffnet, von der sie bisher wenig Ahnung hatten. Es ist aber wichtig für sie, diese Realität zu kennen: die Gegebenheiten, die aus Gottes Sicht da sind und wirksam sind. Unter anderem gehört Folgendes dazu:

Jesus wird, wenn er gestorben ist, nicht in einem dunklen kalten Totenreich sein, sondern er kehrt zurück zu seinem Vater (Johannes 17,11). Er hat sein Ziel erreicht, ist zu seinem Ursprung zurückgekehrt. So wie Jesus keinen von denen verlieren wird, die Gott ihm anvertraut hat (Johannes 17,12), so wird auch der Vater seinen Sohn nicht verlieren.

Wenn Jesus bald körperlich fort sein wird, ist die Zeit danach nicht von Einschränkung und Verlust geprägt. Im Gegenteil – es ist gut, dass Jesus geht, denn so kommt eine Kraft, die bisher Ungeahntes mit sich bringt: der Heilige Geist (Johannes 16,7).

Das Reich Gottes, das in Jesus so kraftvoll und greifbar unter den Menschen war, wird ab jetzt nicht in reduzierter Form da sein, nicht bloß als zweitbeste Ausgabe. Im Gegenteil, die Jünger werden noch Größeres erleben und auslösen, als Jesus es tat (Johannes 14,12)!

Bisher hat Jesus noch gar nicht alles offen ausgesprochen, was es von Gott her zu sagen gibt. Die Zeit war dafür noch nicht reif und die Herzen der Jünger auch nicht. Aber nun wird Gottes Geist da sein und die Jünger in alle Wahrheit leiten (Johannes 16,12-15).

Bisher waren die Jünger Jesus oft nah und manchmal auch fern. Jesus hat sie ins Vertrauen gezogen und doch haben sie oft überhaupt nichts verstanden. Jesus war ihnen mal Freund, mal Fremder. Nun aber wird es so sein, dass die Hoheit, die der Sohn Gottes von seinem Vater empfing, mitten unter den Jüngern ganz und gar lebendig ist. Ja mehr noch: Die Liebe, die der Vater zu seinem Sohn hin hat, eben dieselbe Liebe wird ungemindert in jedem der Jünger sein (Johannes 17,22.26).

Festigkeit ausstrahlen

Kein Mensch hätte auf die Idee kommen können, dass eine solche Fülle in der Zeit liegen würde, in der man Jesus – wie es scheint – verloren hat. Die Jünger, die Jesus' Vorbereitung auf diese Zeit erhalten haben, werden nicht alles gleich vollkommen erfasst haben, was ihnen gesagt wurde. Und doch trägt der Jünger unter dem Kreuz, der Maria als neuer Sohn gegeben wurde, diesen Schatz in sich. Das Wissen um eine ganz andere Realität. Die Gewissheit, dass von Gott her noch ganz andere Kräfte am Wirken sind, als man bisher kennen konnte.

Der Jünger wäre ein schlechter Tröster, wenn er Maria jetzt über all das belehrt hätte, was er von Jesus gehört hatte. Aber weil er von Gottes Realität weiß, kann er selbst darin gehalten sein. Er kann fest stehen und Festigkeit ausstrahlen. Und in den folgenden Tagen und Wochen kann er nach und nach – und je nachdem, wie Gottes Geist ihn leitet – zeigen, was der Grund für seine Festigkeit ist.

Webfäden der Wirklichkeit Gottes

Das ist trösten: die Realität zeigen. Die Wirklichkeit, die aus Gottes Sicht genauso vorhanden ist wie das, was ich vor Augen sehe.

Das Leben von jedem Menschen, der sich auf Christus verlässt, ist durchwebt mit Fäden dieser Realität Gottes. Das bedeutet:

Wenn es mir schlecht geht, lässt das keine Rückschlüsse darauf zu, dass mein Vater im Himmel mich jetzt etwa weniger liebt. Wenn ich nur noch Sackgassen sehe, zwischen denen ich wählen kann, kann Gott dort Mauern öffnen, wo ich am wenigsten damit rechne. Wenn ich abhängig bin vom Wohlwollen der Menschen, kann der Schöpfer deren Herzen »lenken wie Wasserbäche« (Sprüche 21,1). Wenn ich am offenen Grab stehe und einen geliebten Menschen loslassen muss, ist die Auferweckungskraft Gottes größer als die Macht des Todes.

Anderen ein Tröster sein

Trösten heißt: *diese* Realität zeigen. Wie tröste ich andere damit? Worte sind nicht das einzige Mittel und oft nicht das beste. Es beginnt damit, dass ich einfach da bin im Leben dessen, der bedrückt ist. Ich bin in seiner Nähe als jemand, der Gottes Wirklichkeit und Möglichkeiten kennt. Wenn Gott es will, spürt man das vielleicht. Ich bete für den anderen. Ich segne ihn still – oder so, dass er es hört. So kann ich himmlische Bewegung auslösen. Und wenn es der richtige Moment ist, spreche ich auch von meinem Gott der Hoffnung.

Vielleicht war es dies, was der Jünger, den Jesus besonders liebte, für Maria gewesen ist. Er war jedenfalls von Jesus vorbereitet dafür. Diese intensive Ausbildung hat er uns voraus. Aber das, was Jesus ihm zeigte, ist auch für jeden von uns zugänglich. Die Kapitel 13–17 des Johannesevangeliums sind da und warten auf uns. Vielleicht wäre es ein Vorhaben nach Abschluss der Passionszeit, in diese Worte von Jesus einige Wochen lang einzutauchen.

Jesus möchte tröstliche Realisten haben: Menschen, die *wissen, was uns von Gott geschenkt ist* (1. Korinther 2,12).

Für heute:

 Welche unsichtbare Realität Gottes könnte heute Ihren Tag bestimmen?

Gottes rätselhafte Zeitplanung

Unter dem Kreuz bekam die Mutter von Jesus einen neuen Sohn, der an Jesus' Stelle trat. Der Jünger, dem Jesus besonders verbunden war, nahm Maria als seine Mutter an: *Und von jener Stunde an nahm der Jünger sie zu sich* (Johannes 19,27).

Von jener Stunde an: Das klingt so, als hätte es keinen Moment später passieren dürfen. Jetzt war es höchste Zeit, dass Jesus sich um die Zeit danach kümmerte. Oder war es vielleicht schon ein wenig zu spät? Maria lebte doch schon seit Stunden, wahrscheinlich schon seit Tagen in Angst und Schrecken: Wie würde es mit ihrem Sohn ausgehen? Würde er denen entgehen, die hinter ihm her waren? Musste Jesus nicht wissen, dass seine Mutter in höchsten Ängsten war?

Vorahnungen vom Ende

Dass Jesus bald sterben würde, das hatte er seinen Jüngern bereits zuvor dreimal gesagt. Auch dass dies nicht das Ende sein würde, hatten sie gehört. Sie konnten es zwar nicht vollständig begreifen, aber Jesus hatte sie jedenfalls nicht völlig unvorbereitet gelassen. Maria war bei diesen Unterredungen nicht dabei. Aber auch sie muss in der Ahnung und in der wachsenden Gewissheit gelebt haben, dass es mit ihrem Sohn ein gewaltsames Ende nehmen würde. Schon wenige Tage nach seiner Geburt sagte der Prophet Simeon ihr, dass Jesus von vielen in Israel abgelehnt werden würde. Und Maria selbst? *Auch durch deine Seele wird ein Schwert dringen* (Lukas 2,34-35). Das war ziemlich eindeutig.

Mag sein, dass diese Schatten über ihrer beider Leben in den folgenden Jahrzehnten in den Hintergrund getreten sind. Aber seit Jesus öffentlich auftrat, musste Maria bald ahnen, dass Jesus gewaltsam umkommen könnte. Das Schicksal ihres Neffen, Johannes' des Täufers, sprach Bände – er wurde durch Herodes hingerichtet. Und

Jesus hatte ja mit derselben Botschaft von Gottes Königsherrschaft begonnen, die auch Johannes gepredigt hatte.

Aufziehende Gewitterwolken

Es wird Maria auch nicht verborgen geblieben sein, welche Stimmung im Volk für Jesus und auch gegen ihn brodelte. Wenn sie mit ihren anderen Söhnen zu den Pilgerfesten nach Jerusalem kam, muss sie gehört haben, wie man sich gegenseitig fragte, ob Jesus nicht auch hier wäre, und wie die Behörden nach ihm fahndeten (Johannes 7,11-12). Vielleicht wurde sie selbst auch über ihren ältesten Sohn verhört? Schweres Gewitter lag in der Luft. Welche Mutter hätte nicht gespürt, dass sich das sehr bald gegen ihren Sohn entladen könnte?

Wenn Jesus seine Jünger auf so eine Entwicklung vorbereitet hatte – warum hat er seine Mutter nicht, dem fünften Gebot folgend, damit geehrt, dass er auch sie vorbereitete? Warum hat er zugelassen, dass sich die Dinge für sie so sehr zuspitzten? Wenn er doch wusste, dass sie jemanden bekommen sollte, der an Jesus' Stelle tritt, um sie aufzufangen, sie durchzutragen – warum hat Jesus den erst so spät eingesetzt?

Unverständliche Regie

Gottes Zeitplanung gehört zu den Dingen, die ich am wenigsten an ihm verstehe. In meinem Leben gibt es viele Phasen, die Fragen aufwerfen: Warum passiert mir gerade jetzt so etwas? Dass ich im Leben nicht stets auf Wolken schreiten und auf Rosen gebettet sein werde, ist mir klar. Aber es gibt Zeiten, in denen ich widerstandsfähig bin, und es gibt unpassende Zeiten für Belastungen.

Die kleine Variante ist zum Beispiel: Ich habe eine Arbeitswoche, in der ich bis Freitag zwei Projekte termingerecht abschließen muss. Ein Manuskript muss zur Druckerei, eine Reihe von Zeitschriftenartikeln muss zum Grafiker. Das könnte gerade so klappen. Ich bete um Gelingen und auch darum, dass ich gelassen bleibe. Ein drittes Projekt war eigentlich fertig, aber jetzt müssen nachträgliche Korrekturen überprüft werden. Gut, auch das schiebe ich noch ein. Doch am Donnerstag wache ich mit so starken Kopfschmerzen auf, dass an Konzentration nicht zu denken ist. Ich fahre zum Arzt, nehme Medikamente und bin für den Rest des Tages zu nichts zu gebrauchen. Warum das gerade in dieser Woche? Was ist das für eine Zeitplanung? Ist das Gottes Reaktion darauf, dass ich ihm in Engpässen versuche zu vertrauen?

Die große Variante: In meiner Zeit als Gemeindepastor habe ich viele Phasen erlebt, in denen ich mich genau am richtigen Platz fühlte. Das, womit Gott mich begabt hat, passte sehr gut zu dem, was in den Gemeinden nötig war. Dann gab es aber auch andere Zeiten, wo mir ziemlich unklar war: Warum bin gerade ich gerade jetzt in gerade dieser Aufgabe? Ich sah ziemlich deutlich, was in der betreffenden Gemeindesituation hilfreich gewesen wäre – z.B. jemand mit einer stärkeren Leitungs- und Durchsetzungsgabe, als ich sie bekommen habe. So aber trieb die Situation in eine ungute Richtung und ich tat, was ich konnte, fühlte mich gleichzeitig aber gelähmt. Ein Kurswechsel hätte gelingen können, wenn Gott ein Wunder geschenkt hätte. Für so etwas ist er ja bekannt ... Aber je weiter sich die Dinge zuspitzten, desto sinnloser erschien mir die Tatsache, dass ich jetzt zu *dieser* Zeit an *diesem* Ort war.

Ich wusste, dass ich damit in guter biblischer Gesellschaft war. *Herr, wie lange?* ist eine häufig gestellte Frage in den Psalmen (6,4; 13,2-3). Und dass prophetische Worte erst für ferne Zeiten gelten, obwohl man damals dachte, die Erfüllung sei bald greifbar, wusste ich auch (siehe z.B. Habakuk 2,3). Aber mitten in einer Durststrecke half das nur an manchen Tagen.

Höchste Zeit und doch nicht zu spät

Die Situation, die mich damals bedrückte, löste sich nicht so, dass es nach allen Seiten hin ein Happy End gab. Aber ein Wendepunkt kam zu einer Zeit, die eher nicht denkbar gewesen war und nicht später hätte kommen dürfen. Es war – aus meiner Sicht – irgendwie höchste Zeit und doch nicht zu spät.

Ob es für die Mutter von Jesus unter dem Kreuz ähnlich war? Ob Jesus wusste, wie viel Zeit der Ungewissheit er ihr zutrauen oder zumuten durfte? Immerhin hatte sie längere Zeit zuvor von Jesus eine Lernaufgabe zum Thema »richtiger Zeitpunkt« bekommen. Das war bei der Hochzeitsfeier in Kana. Maria hatte bemerkt, wie dort die Dinge auf ein Problem zuliefen – der Wein ging zur Neige. Mit wenigen Worten versuchte sie, Jesus zum Handeln zu veranlassen. Doch Jesus lehnte es ab, dass sie sich da einmischte: *Meine Zeit ist noch nicht gekommen* (Johannes 2,4). Danach kümmerte er sich zwar doch um das Problem – und zwar gleich so, dass sein erstes »Zeichen« daraus wurde, sein erstes Wunder, das eine Botschaft über ihn enthielt. Für Maria aber blieb zweierlei zurück: Jesus hat seine eigene Zeit, und die heißt: »rechtzeitig!« Und – sie selbst, Maria, hat dabei nicht mitzureden.

Unter dem Kreuz war es dann ebenso. Jesus ließ sie zuvor in der Schwebe – in der Sorge. Einen plausiblen Grund dafür kann man von außen nicht ablesen, den kennt nur er selbst. Aber dann greift er ein, zur richtigen Zeit und nicht zu spät. *Und von jener Stunde an nahm der Jünger sie zu sich.*

Für heute:

»Vater im Himmel, lass mich durchhalten in Zeiten, wo ich deine Regie nicht verstehe. Statte mich mit Ausdauer aus und lass mich das Vertrauen nicht verlieren, dass du rechtzeitig kommst.«

Die neue Familie

Wenn eine Mutter einen Sohn bekommt, den sie bisher nicht hatte, und ein Sohn eine neue Mutter, dann hat sich damit auch eine neue Familie gebildet. Die natürlichen Familienbeziehungen werden nicht aufgelöst, aber sie werden ergänzt. Eine neue Qualität hält Einzug.

Für den Jünger, dem Jesus besonders nahestand, war es unter dem Kreuz nicht das erste Mal, dass er neue Familienbeziehungen geschenkt bekam. Diese Erfahrung war ihm seit Jahren vertraut. Jesus hatte Menschen um sich gesammelt, mit denen er viel und intensive Zeit verbrachte, seinen Jüngerkreis. Außerdem waren oft weitere Menschen um ihn herum, die ihm eine Weile oder auch eine lange Strecke folgten und die ihm zuhörten und begierig waren, von ihm zu lernen, auch wenn sie nicht zum engsten Zwölferkreis gehörten. Über diese Menschen hatte Jesus gesagt: Das ist meine neue, für die jetzige Zeit meine eigentliche Familie. *Wer den Willen Gottes tut, ist mein Bruder und meine Schwester und meine Mutter* (Markus 3,35).

Offen für jeden, der Gottes Willen tut

Auch Maria und ihre anderen Söhne, die leiblichen Brüder von Jesus, haben das erfahren. Sie waren dabei, als Jesus von seiner eigentlichen Familie sprach. Sie wollten zu ihm kommen, wollten durch den Kreis der neuen Geschwister hindurchdringen und so bei Jesus sein, wie es ihrem früheren Verhältnis entsprach. Vielleicht wollten sie ihn, wie schon einmal kurz zuvor, auch jetzt wieder zurückholen zu sich, in seine Ausgangsfamilie. Doch Jesus hat sich dem entzogen, und zwar gerade mit dem Hinweis auf seine jetzige neue Familie: *Wer den Willen Gottes tut, ist mein Bruder und meine Schwester und meine Mutter.*

Seine Mutter und seine leiblichen Geschwister hat Jesus damit nicht ausgegrenzt. Zu jeder Zeit stand es ihnen offen, zu den Jesusleuten zu stoßen. Warum sollten sie sich nicht zu denen zählen, die Gottes Willen tun? Bloß hätte dies nun die wichtigere Verbindung zu Jesus sein müssen. Dem hätten sie zustimmen können. Maria hat es auf ihre Weise ja auch getan, schon vor Jesus' Geburt: *Siehe, ich bin die Magd des Herrn; es geschehe mir nach deinem Wort!* (Lukas 1,38). Und auch die Brüder von Jesus sind später zu denen hinzugestoßen, die an Jesus glauben, und haben sich der Gemeinde angeschlossen (Apostelgeschichte 1,14). So haben sie beide Geschenke Gottes empfangen: das Geschenk einer Herkunftsfamilie und das einer neuen Familie in Christus – das Geschenk der Gemeinde.

Wie Gott mich mit Geschwistern beschenkte

Als ich nach einem Umzug in der neuen Stadt die ersten zwei, drei Male im Gottesdienst der Gemeinde saß, zu der ich nun frisch gehörte, sah ich in der ersten Reihe einen Mann sitzen, vielleicht 15 Jahre älter als ich. Er wirkte auf den ersten Blick ziemlich gesetzt. Sein Vollbart kam mir – um ehrlich zu sein – irgendwie *sehr fromm* vor. »Das ist einer von den Rechtgläubigen, der wahrscheinlich seine festen Denkmuster und seine klar geordnete fromme kleine Welt hat«, dachte ich unwillkürlich. Natürlich sind solche Vorurteile Unsinn, im Allgemeinen schon und in diesem speziellen Fall erst recht. Denn je näher ich ihn kennenlernte, desto mehr erwies er sich als ein absolut menschenfreundlicher und humorvoller Mann, und sein geistliches Leben, wie ich bald mitbekam, war und ist von einem kindlichen Glauben, einer aufrichtigen Freude am Beten und einer tiefen Barmherzigkeit geprägt. Er lacht gern und nicht zuletzt über sich selbst.

Dieser Mann wurde mir im Laufe der Zeit zu einem älteren Freund und einem geschätzten Gefährten im Glauben. Ich spürte, dass ich echt sein konnte und meine Schwächen nicht verbergen musste, auch wenn ich sein Gemeindepastor war. Wir spürten eine Einheit, die auch viele Worte machen konnte, aber darauf nicht angewiesen war. Irgendwann erzählte er mir, er habe von Gott den Auftrag bekommen, für mich intensiv zu beten und mich zu unterstützen. Genau das war es, was ich erlebte. Ein Geschenk Gottes. Ein Teil von Gottes neuer Familie.

Es war nicht das erste und nicht das letzte Mal, dass ich solchen Segen durch Menschen aus der Gemeinde erlebte. Natürlich betrifft das nicht alle Gemeindmitglieder in gleicher Intensität und auch ich selbst bin nicht allen gleichermaßen verbunden. Aber Gott hält doch auffallend viele Menschen bereit, die in tiefer Weise zu Geschwistern werden.

In der Gemeinde, in der ich aufwuchs, erlebte ich beides nebeneinander: prägende Begleiter, vor allem in der Jugendgruppe, und auch merkwürdige Menschen, die teils einfach ganz anders waren als ich, teils auch böse Verwirrung in der Gemeinde stifteten. Wie unsere natürlichen Familien, so ist auch die Gemeinde keine Idealfamilie. Aber auch von denen, die viel älter waren als ich und mir als Teenager ziemlich eigenartig vorkamen, habe ich mir viel abgeschaut.

Der sein dürfen, der ich jetzt bin

Später begann ich mein Theologiestudium und unser Semester war recht klein: zwölf Leute, von denen viele im Wohnheim des Seminarcampus wohnten. Hier begann für mich eine noch ganz andere Gemeinschaftserfahrung. Ich erlebte und bestaunte, dass in einer so intensiven Gruppe, die viel Zeit miteinander verbrachte, ganz andere Umgangsformen möglich waren, als ich sie aus meiner eigenen Familie kannte: respektvoller, manchmal auch herzlicher. Das hing natürlich auch damit zusammen, dass jeder von uns quasi als unbeschriebenes Blatt zu den anderen kam und dass diese Gemeinschaft ohne Vorgeschichte neu startete. Aber ist nicht auch dies ein Segen, den die Gemeinde von Jesus mit sich bringt? Ich kann noch einmal neu anfangen. Ich komme als der, der ich jetzt bin und nicht als der, der ich in den Augen der anderen immer schon war. Ich habe es als ein schönes Geschenk erlebt, dass Gott zusätzlich zu meiner Herkunftsfamilie die neue Familie des Glaubens schafft.

Wenn ich die Mutter von Jesus unter dem Kreuz stehen sehe und neben ihr den Jünger, und wenn ich von Jesus höre, wie er sie in eine neue, bisher so nicht gekannte Beziehung zueinander stellt – eine Beziehung, die in ihm selbst, dem Gekreuzigten, ihre Mitte hat –, dann werde ich dankbar für die Geschwister in Christus, mit denen Gott mein Leben bereichert hat. Und ich bitte ihn, dass auch ich ein Segen für Gottes neue Familie sein kann.

Für heute:

 Für wen aus Gottes Familie sind Sie persönlich dankbar? Für wen könnten Sie eine Bedeutung als Schwester oder Bruder haben?

Falsche Gemeinsamkeiten

Und von jener Stunde an nahm der Jünger sie zu sich, heißt es über Maria und den Jünger, den Jesus besonders liebte. Von jener Stunde an – seitdem hatten diese beiden also eine intensive gemeinsame Geschichte.

Wie ging es weiter? Jesus wurde auferweckt, verbrachte mit seinen elf Jüngern vierzig Tage, um mit ihnen zu sprechen, und kehrte dann zurück zu seinem Vater im Himmel. Die Nachfolgerinnen und Nachfolger, die zurückblieben, bildeten die Keimzelle der Gemeinde von Christus: *Sie alle kamen regelmäßig zum Gebet zusammen, gemeinsam mit Maria, der Mutter von Jesus, einigen anderen Frauen und den Brüdern von Jesus* (Apostelgeschichte 1,14).

Spannungsvolle Gemeinschaft

Was ist das für eine ungleich zusammengesetzte Gruppe! Die elf Jünger haben Jesus am nächsten gestanden, sie haben am meisten von ihm erfasst. Die anderen Frauen sind ihm seit Jahren ebenfalls nachgefolgt (Lukas 8,1-3). Die Mutter von Jesus hat eine ganz eigene Vorgeschichte, länger als die anderen, aber andererseits gehörte sie nicht zum Jüngerkreis und war erst seit der Kreuzigung dabei, *von jener Stunde an*. Und dann sind da noch die Brüder von Jesus! Wo kommen sie her? Sie haben vor dem Karfreitag nicht an Jesus geglaubt (Johannes 7,5). Irgendwann danach sind sie offenbar zum Glauben gekommen. Später war Jakobus, einer der Brüder, sogar eine Leitfigur der Gemeinde. Von Judas, einem weiterer Bruder, bekam die junge Christenheit einen Brief.[6] Die leiblichen Brüder von Jesus waren also irgendwann fest verwurzelt in der Gemeinde.

Vorher aber ist es gut möglich, dass sie den Jüngern als Fremdkörper vorgekommen sind, als Vertreter der »alten Familie«, die Jesus doch so lange nicht vertraut hatte. Sie selbst aber, die Jünger von Jesus, seine vorrangigen Schüler – sie waren die neue Familie! Glaubende von Anfang an. Diese Brüder von Jesus: Wenn sie nun doch endlich hinzukommen wollten, müssten sich zunächst mal gehörig anpassen, den Lernstoff nachholen, den die elf Jünger ihnen voraushatten, und diesen elf den angemessenen Respekt erweisen, oder?

So *könnte* es gewesen sein. Unterschiedliche Hintergründe werden wahrscheinlich Spannungen mit sich gebracht haben. Den einen fehlt die Prägung, die den anderen als grundlegend erscheint.

Wenn der Stallgeruch fehlt

Zumindest heute ist es in vielen christlichen Gemeinschaften so. Jesus hat seine Gemeinde mit einer Schafherde verglichen, und diese Herde fühlt sich oft dann am wohlsten, wenn alle den gleichen Stallgeruch haben. Fremde stören nicht wirklich, sie sind sogar erwünscht. Aber sie möchten doch bitte dann rasch »unseren« Stallgeruch annehmen und, solange das nicht passiert ist, sich entsprechend zurückhalten.

Kein Wunder, dass es für viele Menschen keine gute Nachricht ist, dass die Gemeinde von Jesus wie eine Familie sein soll. Ihre natürliche Familie erleben viele schon als einengend, als Ort von Mief oder Verletzungen. Und das jetzt auch noch in der Gemeinde? In der Tat verletzen Christen einander oft, weil sie sich in falscher Weise zu nahe treten.

Maria, die Mutter von Jesus, und der Jünger, dem Jesus besonders verbunden war, hatten unter dem Kreuz eine gemeinsame Jesuserfahrung gemacht. Jesus hatte ihnen etwas geschenkt, was er so sonst niemandem schenkte. Gemeinsame Jesuserfahrungen sind kostbar, tragen aber eine Gefahr in sich: die Gefahr, dass die Betreffenden einen Insider-Kreis untereinander bilden und andere ausschließen. Dabei machen andere doch ebenfalls ihre Jesuserfahrungen! Bloß eben nicht dieselben wie die, die schon eher dabei waren.

Sieben Worte für das Leben

Eine stets vorhandene Gefährdung

Die Gefährdung der Gemeinde besteht darin, dass Sympathie, gemeinsamer Geschmack und eine gemeinsame menschliche Geschichte stärker miteinander verbinden, als Christus es tut. Dann aber steht der Gekreuzigte nur noch theoretisch in der Mitte. Tatsächlich wirksam sind statt seiner aber die menschlichen Verbindungen. Das trägt wohl eine Weile durch und es merken nicht viele – außer Christus und denen, die sich schon gar nicht mehr willkommen fühlen, weil ihnen eben jener Stallgeruch fehlt.

Alle »Marias« in unseren Gemeinden und alle »Jünger, die Jesus lieb hat« müssen wachsam sein und daran arbeiten, dass sie sich nicht untereinander zusammenschließen und dabei die anderen heutigen »Brüder von Jesus« ausschließen. Denn wie hat Jesus seine wahre Familie beschrieben? Nicht als die, die einander ähnlich sind, sondern als die, *die Gottes Willen tun* (Markus 3,35)!

Dietrich Bonhoeffer hat über die Gefährdung und das wahre Wesen der neuen Familie von Christus gesagt: »Innerhalb der geistlichen Gemeinschaft gibt es niemals und in keiner Weise ein ›unmittelbares‹ Verhältnis des einen zum anderen, während in der seelischen Gemeinschaft [d.h. in der Gemeinschaft, die von falschen, bloß menschlichen Voraussetzungen getragen wird] ein tiefes, ursprüngliches Verlangen nach Gemeinschaft, nach unmittelbarer Berührung mit andern menschlichen Seelen … lebt. … Weil Christus zwischen mir und dem Andern steht, darum darf ich nicht nach unmittelbarer Gemeinschaft mit ihm verlangen.«[7] Warum nicht? Weil diese erwünschte Unmittelbarkeit an Christus vorbeigehen würde.

Begegnung am Gründonnerstag

Vor Jahren habe ich etwas von der Schönheit der echten Gemeinschaft in Jesus beobachtet. Gründonnerstagabend. Eine Abendmahlsfeier in der Gemeinde. Die Teilnehmer sitzen im Kreis. In der Mitte ein Kreuz, Brot und Wein, Kerzen. Und eine Schüssel mit Wasser, dazu Handtücher. In dieser Feier wollen wir einander die Füße waschen, so wie es Jesus mit seinen Jünger getan und zur Nachahmung empfohlen hat (Johannes 13,15). Es gibt an diesem Abend keinen geregelten Ablauf und keine Reihenfolge. Nur dieses Leitmotto: Alles geschieht freiwillig. Niemand muss etwas tun. Man kann genauso gut auch teilnehmen, indem man sitzt und zuschaut, dabei vielleicht still betet.

Die überwiegende Zahl der Teilnehmer tut auch genau dies: still zusehen. Aber einige wagen es, gehen auf jemanden zu und beginnen, ihm die Füße zu waschen. Darunter ist einer, der auf eine Person zugeht, mit der er – so viel weiß ich – menschlich eigentlich wenig gemeinsam hat. Ihre kulturelle Prägung, ihre geschmacklichen Vorlieben sind völlig unterschiedlich, und ab und zu haben sie schon mal eine ernste Auseinandersetzung über Glaubensfragen geführt, ohne sich zu einigen. Keiner hat den anderen jemals auf seinen Geburtstag eingeladen und auch in Zukunft wird ihnen das nicht einfallen.

Aber jetzt spielt das alles überhaupt keine Rolle. Jetzt tut der eine für den anderen, was Jesus für seine Jünger tat. Jetzt ist – in der Geste des Waschens und in der Haltung, sich dies gefallen zu lassen – Christus zwischen ihnen.

Ich vermute, seit diesem Abend werden sie einander anders begegnen, auch wenn sie sich streiten.

Das ist die neue Familie von Christus.

Für heute:

 Gibt es in Ihrer Kirchengemeinde jemanden, den Sie als störend empfinden? Warum? Können Sie sich vorstellen, welche Jesuserfahrung dieser Mensch gemacht haben könnte?

Menschen mit Vorsprung

Frau, siehe, dein Sohn! – Siehe, deine Mutter! Die Mutter, die in Kürze ihren erstgeborenen Sohn verlieren wird, bekommt an dessen Stelle einen anderen Sohn, der sie in ihrer Trauer trägt. Dieser Jünger ist dafür geschult, denn er hat Jesus intensiv kennengelernt und wurde auf die Zeit nach dem Abschied vorbereitet (so hat es das Kapitel vom letzten Montag gezeigt).

Hat er damit nur einen Auftrag bekommen? Oder hat er selbst auch einen Gewinn davon?

Er hat Maria etwas zu geben, über das sie so nicht verfügt. Sie aber hat ihrerseits auch einen Vorsprung. Gott hatte sie vor langer Zeit auf ihre Rolle vorbereitet. Ein Engel kam zu ihr, außerdem andere Zeugen, die ebenfalls Engel gehört hatten, und schließlich hatten ein Prophet und eine Prophetin zu ihr gesprochen (Lukas 1,26-38; 2,17.25-38). Sehr eingehend bekam sie also Botschaft von Gott. All das hat sie fest in ihrem Herzen aufbewahrt (Lukas 2,19). In der Folgezeit hat Maria sicher auch sehr viele Fragen an Gott über ihren Sohn gehabt. Aber dieser Start konnte nicht ausgelöscht werden.

Eine Mutter im Glauben

Wenn der Jünger, den Jesus besonders liebte, nun unter dem Kreuz eine neue Mutter bekommt, dann bekommt er damit auch eine Glaubensmutter. Er darf von einem Menschen profitieren, der ihm gegenüber einen Vorsprung hat. Er kann sich von der Lebensgeschichte Marias berichten lassen. Er kann aus ihrer Glaubensbiographie seine eigenen Schlussfolgerungen ziehen. Er kann in den Worten, die Gottes Boten an Maria ausrichteten, Gott selbst erkennen. Maria hat Gott auf eine Weise erfahren, die so nur ihr passierte. Wenn der Jünger begreift, dass seine eigene Jesusgeschichte nur ein Ausschnitt aus dem ganzen Bild ist und dass die Jesusgeschichten anderer sein Bild ergänzen können, dann wird er sich Zeit nehmen und seiner neuen Mutter zuhören.

Mütter und Väter im Glauben – sie sind ein Geschenk Gottes, das er zu allen Zeiten für seine Leute bereit hat. Die Alten, wenn sie Gott die Treue gehalten haben und wenn sie ihre Lebenserfahrungen nicht in sich einkapseln, sind keineswegs nur altes Eisen in der Gemeinde von Jesus. Sie verfügen über einen Schatz: einen Erfahrungsschatz.

Selbst die feurigsten Kämpfer für Christus, die erfahrensten Glaubenden und die bewährtesten Arbeiter für Gottes Reich haben von Gott Menschen an die Seite gestellt bekommen, die einen Vorsprung vor ihnen hatten. In der Bibel tauchen diese älteren Christen oft nur in sehr bescheidener Weise auf. Sie stehen oft im Schatten der großen Gestalten. Aber sie sind da und strahlen ihren Segen aus. Unter vielen Beispielen kann man das auch an Paulus sehen.

Paulus und die Christen vor ihm

Keine Frage: Er ist einer der prägendsten Menschen im Reich Gottes. Er gehört zu denen, deren Aktivität von Gott gesegnet und gebraucht wurde. Aber immer wieder zwischendurch trifft Paulus auf Menschen mit einem Vorsprung. Zum Beispiel in Jerusalem. Paulus hatte gerade seine dritte Missionsreise abgeschlossen – und wie es seinem Verständnis von Verantwortung entspricht, wollte er den Gemeindeleitern in der Muttergemeinde Bericht erstatten. Wo würde er in dieser Zeit wohnen? Wer würde sein Gastgeber sein?

Wir ... brachen nach Jerusalem auf. Einige Gläubige aus Cäsarea begleiteten uns und brachten uns zum Haus von Mnason, einem Mann, der aus Zypern stammte und einer der ersten Gläubigen war (Apostelgeschichte 21,15b-16). *Ein Jünger aus der Anfangszeit –* so wird Mnason in der Einheitsübersetzung genannt. Mindestens eine Woche wohnte Paulus bei ihm. Wir können uns ausmalen, was für Gespräche sie (vielleicht beim Frühstück und abends) geführt haben. Sicher hat Paulus viel zu erzählen gehabt. Aber Paulus war sich immer dessen bewusst, dass er irgendwie nachträglich zu Christus kam, wie eine Spätgeburt, die nicht rechtzeitig zur Welt kam (1. Korinther 15,8). Hier nun, bei Mnason, konnte er sich aus erster Hand informieren, wie alles mit der Gemeinde von Jesus begonnen hatte. Und das war nicht nur eine historische Information, sondern ein Teil der Lebensgeschichte eines bewährten Christen namens Mnason.

Zu anderer Zeit saß Paulus im Gefängnis, weil er sich zu Christus bekannt hatte. Zum Glück war er dieses Mal nicht allein dort, sondern zwei andere Christen saßen mit ihm ein. Später erinnert er sich dankbar an diese beiden: *Dann sind da noch Andronikus und Junia, meine Verwandten* (oder Stammesgenossen), *die mit mir im Gefängnis waren. Die beiden genießen hohes Ansehen unter den Aposteln und haben schon vor mir an Christus geglaubt. Bitte richtet ihnen ebenso meine Grüße aus* (Römer 16,7). Zwei Menschen mit einem Vorsprung! Und sie hatten in der Zelle oder in den Zellen wohl mehr Zeit zu reden, als ihnen lieb war. Aber welchen Nutzen werden sie daraus gezogen haben! Auch Paulus. Nicht nur, dass er ermutigt wurde, weil andere ebenso wie er Leiden für Christus auf sich nahmen. Sondern die beiden hatten einfach eine längere Geschichte mit Jesus, als Paulus sie hatte.

Ebenso war es mit Maria und dem Jünger, der nun ihr Sohn im Glauben wurde. Maria hatte einen Vorsprung.

Fragen und Zweifel inbegriffen

Wie sah dieser Vorsprung wohl konkret aus? Was konnte sie ihm noch geben, wenn dieser Jünger doch wie ein Schwamm vollgesogen war mit drei Jahren Unterweisung seines Meisters Jesus? Maria hatte zwar einen einzigartigen Start, aber wir haben ja bereits erfahren, dass sie später dann auch an Jesus zweifelte. Dass sie ihn nach Hause holen wollte, weil sie sein Verhalten, gelinde gesagt, allzu überspannt fand (Markus 3,21). Auch als Jesus und seine Herkunftsfamilie auf der Hochzeitsfeier in Nazarets Nachbarort Kana waren, hatte Maria Vorstellungen davon, was Jesus jetzt tun sollte.

Die waren aber nicht richtig und wurden von Jesus klar zurückgewiesen (Johannes 2,4). Was hat eine Frau mit so einer Berg- und Talfahrt im Glauben noch als Mutter in Christus zu geben?

Vielleicht einfach die *Zeit*: dass sie eben länger unterwegs war als der Jünger und Jesus nie ganz preisgegeben hat. Ja, sie hatte ihre Zweifel, sie hat nicht alles richtig begriffen. Vielleicht hatte auch sie sich einen Messias vorgestellt, der viel deutlicher die Machtverhältnisse im besetzten Land Israel umkehren würde und Gottes Leute viel eindeutiger an die Herrschaft bringen würde. *Wie er die Stolzen und Hochmütigen zerstreut! Er hat Fürsten vom Thron gestürzt und niedrig Stehende erhöht. Die Hungrigen hat er mit Gutem gesättigt und die Reichen mit leeren Händen fortgeschickt* (Lukas 1,51b-53). So hat sie es jubelnd gebetet, damals. Aber ganz wörtlich und ganz umfassend hat Jesus das dann nicht verwirklicht. Ob auch das ein großes Fragezeichen in ihr war?

Treue im Auf und Ab

Aber zum Schluss gehörte sie zu den wenigen, die Jesus unter dem Kreuz die Treue hielten. Vielleicht zeichnet dies Väter und Mütter im Glauben aus: weniger die Erfolge, die makellose Bewährung, als vielmehr die Treue in allem Auf und Ab. Die Mutter von Jesus, die neue Mutter des besonderen Jüngers – an ihr konnte dieser Jünger ablesen, dass Gott letzten Endes doch zum Ziel kommt und dass es gut ist, Fragen durchzustehen und ihm treu zu bleiben.

Für heute:

 Übermorgen ist Sonntag. Der Gottesdienstbesuch bietet vermutlich viele Gelegenheiten zu Begegnungen und Gesprächen nachher. Ob das nicht auch eine Gelegenheit ist, anderen eine Frage nach ihrer Lebensgeschichte, ihrer Jesusgeschichte zu stellen? Oder sind Sie selbst vielleicht ein Mensch mit einem Vorsprung? Warum nicht einmal davon etwas berichten?

Christus für den anderen sein

Meine Tochter ist 16 und hat sein einiger Zeit ihr großes Hobby entdeckt: fotografieren. Sie macht das richtig gut und ist ständig darauf aus, neue Tricks zu lernen. Mittlerweile kann ich sie als Fotografin einsetzen, wenn es zu meinen beruflichen Projekten passt. Für eine Reportage in einer Kirchengemeinde, die ich für das Magazin »Faszination Bibel« machte, hat sie fotografiert. Und zu einer illustrierten Bibelausgabe hat sie eine Reihe von Fotos beigesteuert. Keine Frage, dass sie stolz war: »Meine Fotos in einer Bibel!« Ich selbst habe es genossen, sie an meiner Arbeit zu beteiligen, und es war schön für mich, ihr Verantwortung zu übertragen.

Genauso geht es mir mit meinem Sohn. Er ist drei Jahre jünger als unsere Große und schon vor Jahren hatte er viel Spaß dabei, neu gekaufte Kleinmöbel zusammenzumontieren. Er mag dabei die technische Herausforderung. Ich mag das Gefühl: Er macht mit Papa das, was früher Papa allein tat.

Gewürdigt

Als im Verlag für eine Bibelausgabe eine Einführung nötig war und ich den Auftrag bekam, sie zu schreiben, war das für mich ebenfalls etwas ganz Besonderes: Zeilen von mir zwischen den Deckeln nicht irgendeines Buches, sondern einer Bibel! Mein »Papa im Himmel« lässt mich mitmachen!

Wenn wir schon stolz sind und uns geehrt fühlen, von jemand anderem verantwortliche Aufgaben übertragen zu bekommen (wie meine Kinder) – um wie viel größer ist die Würde, wenn kein Mensch, sondern Gott uns zu seinen Mitarbeitern macht. Wenn Jesus uns sogar als seine Stellvertreter einsetzt!

Dem Jünger unter dem Kreuz ist ja genau dies passiert: Jesus hat ihn an den Platz gestellt, den er selbst vorher hatte. Nun verlässt

Jesus diesen Platz endgültig und ein anderer, ein Nachfolger, nimmt seine Stelle ein. Der Jünger wird in gewissem Sinne Christus für Maria. Er vertritt ihn und bringt das für sie mit, was Christus ihm gab und in ihm ausformte.

Christus für den anderen sein – das scheint auf den ersten Blick zu viel gesagt, zu steil formuliert. Christus bleibt doch Christus. Ja, aber er wollte ausdrücklich seine Nachfolger an seine eigene Stelle setzen. *Wer euch hört, hört mich; und wer euch verwirft, verwirft mich*, hat er zu den Jüngern gesagt, und zwar nicht nur zu den Zwölf, sondern zu einer größeren Gruppe, die er sandte (Lukas 10,16). Es ist von daher also letztlich jedem seiner Nachfolgerinnen und Nachfolger gesagt. Später hat Paulus diesen Ball für sich und seine Mitarbeiter aufgenommen: *So sind wir nun Gesandte an Christi Statt, indem Gott gleichsam durch uns ermahnt; wir bitten für Christus: Lasst euch versöhnen mit Gott!* (2. Korinther 5,20). Kein Zweifel: Wir Menschen dürfen und sollen an die Stelle von Christus treten und einander Christus sein.

Christus im Wort des Bruders

Dietrich Bonhoeffer hat gesagt: »Der Christus im eigenen Herzen ist schwächer als der Christus im Worte des Bruders; jener ist ungewiss, dieser ist gewiss.«[8] Ja, Christus ist auch in meinem eigenen Herzen. Er kommt mir zugleich aber von außen entgegen – dann, wenn jemand an Stelle von Christus zu mir spricht. Und dies ist eine klarere Christusbegegnung, als wenn ich nur in mein eigenes Herz schaue, meint Bonhoeffer.

Einander Christus sein – das ist oft eine unspektakuläre Sache. Bonhoeffer betont das Wort des Bruders, in dem Christus ist. Ebenso wird es beim Jünger und Maria gewesen sein: Er hat ihr zunächst viel von Christus her zu *sagen* gehabt. Hinzu kam aber – und das dürfen wir wohl zu Bonhoeffers Gedanken hinzufügen –, dass der Jünger einfach *da war*, in Marias Nähe, und dass er so auch ohne Worte Trost verkörperte, Christus verkörperte. (Und über

Bonhoeffer hinaus sprechen wir natürlich auch von den Schwestern, nicht nur vom Bruder.)

Ich finde es großartig und zugleich tief berührend, welche Würde Jesus uns verleiht, wenn er sagt: *Wer euch hört, der hört mich.* Das Vertrauen, das Jesus mir schenkt, ist unvergleichlich kostbar. Denn er weiß ja, wie begrenzt, fehlerhaft und oft misstrauisch ich bin. Auch der Jünger, den Jesus besonders lieb hatte, war ein echter Mensch mit Licht und Schatten. Das Johannesevangelium berichtet darüber zwar nichts, sondern legt nur auf einige Merkmale dieses Mannes Wert. Aber es lässt doch keinen Zweifel daran, dass es eben ein bestimmter Mann ist und keine abstrakte Symbolfigur. Wir sind Menschen mit dem Hang zur Sünde – und empfangen dennoch die Würde, einander Christus sein zu können.

Jesus könnte es auch ohne mich tun

Nötig wäre das nicht gewesen. Jesus hätte durchaus andere Mittel und Wege gehabt. In vielen Kirchen wird dieses Gedicht zitiert, dessen Ursprung unbekannt ist: »Christus hat keine Hände, nur unsere Hände, um seine Arbeit heute zu tun. Er hat keine Füße, nur unsere Füße, um Menschen auf seinen Weg zu führen.« Ich verstehe, was damit gemeint ist – Jesus tut das, was zu tun ist, eben mit Hilfe seiner menschlichen Mitarbeiter.

Aber ich zweifle, dass dieses Gedicht den richtigen Ausdruck dafür gefunden hat. Keine anderen Hände und Füße? Für *den* Christus, auf dessen Bitte hin Tausendschaften von Engeln ans Werk gehen würden (Matthäus 26,53)? Paul Gerhardt hat es, wie ich finde, besser ausgedrückt: »Er weiß viel tausend Weisen, zu retten aus dem Tod.« Er kennt Tausende von Möglichkeiten. Mich anstelle von Christus einzusetzen, ist bloß eine davon. »Weg hast du allerwegen, an Mitteln fehlt dirs nicht.« Überall, auch in weglosen Gegenden, findet Gott seine Mittel und Wege. Er ist souverän.

Jesus hätte viele Möglichkeiten gehabt, um seine Mutter aufzufangen, als er sie in irdischer Hinsicht verließ: ihr erneut einen Engel zu senden, ihr wiederum Propheten über den Weg zu schicken, ihre anderen Söhne innerlich so zu überwinden, dass sie schon längst an ihn geglaubt hätten und Maria hätten stärken können … Aber Jesus hatte sich entschieden, ihr einen seiner zwölf Jünger als neuen Sohn zu geben. Was er tat, hätte auch ein anderer machen können, ja. Aber niemand hätte es auf die Weise tun können, wie er es dann tat. Dazu hatte Jesus ihn berufen. Ebenso entscheidet Jesus sich, jeden seiner Nachfolger immer wieder in Situationen zu bringen, wo er ihn selbst vertreten soll. Auf eine Weise, wie nur er es tun kann.

Für mich wird es ab jetzt auf die wegweisenden Worte von Jesus ankommen: auf das Wort, mit dem er mich zu einem bestimmten Menschen schickt und mich für diesen Menschen beauftragt: »Dieser Mensch ist jetzt dein Bruder, deine Schwester, deine Mutter, dein Vater, dein Kind …«. Und ich bin für diesen Menschen ein Teil dessen, was Christus für ihn sein und geben will.

Auf die wegweisenden Worte von Jesus wird es ankommen – auch auf die Worte von Jesus, die der Mensch jetzt aus meinem Mund hören soll, zu dem ich geschickt wurde.

Für heute:

 Sprechen Sie mit Gott darüber, mit welchen Worten oder Taten Sie Christus für eine Schwester oder einen Bruder sein können.

»Mein Gott, mein Gott, warum hast du mich verlassen?«

Markus 15,34

4. Woche

Abgrundtief verloren

Mein Gott, mein Gott, warum hast du mich verlassen? Das ist das letzte Wort von Jesus, wenn man dem Bericht des Markusevangeliums folgt (15,34). Danach hört man von ihm nur noch einen Schrei und er stirbt.

In diesen Momenten war Jesus abgrundtief verloren. Er hat das verloren, was in jeder Sekunde zuvor seine Lebensader war: die Verbindung zum Vater. Wie können wir uns vorstellen, was er durchmachte?

Hat Jesus empfunden wie z.B. ein begnadeter Meisterviolinist, der bei einem Unfall nun seine linke Hand verliert und nie wieder das spielen können wird, was seine Seele erfüllt? Er ist abgeschnitten von dem, was einmal sein Leben war. War es für Jesus wie bei einer Mutter, deren Kind im Haus verbrennt und sie kann es nicht retten? Sie verliert das, was ihr am meisten bedeutet. War es wie bei einem Mann, dessen Frau geisteskrank wird und ihn nicht wiedererkennt – sie ihn und er sie dann letztlich auch nicht?

Die körperlichen Qualen waren für Gekreuzigte damals unerträglich. Dafür sorgte schon die grausame Henkerskunst der Römer. Jesus hatte in der Nacht zuvor unsagbare Angst davor gehabt. Aber kannte oder ahnte er auch die Qual, die noch hinzukommen sollte: dass der Vater im Himmel sich von ihm abwenden würde?

Jesus' unvergleichliches Vertrauensverhältnis

Die lebendige Verbindung mit dem himmlischen Vater, die vertrauensvolle Hingabe an ihn war Jesus lebenslang vertraut. Schon mit zwölf Jahren war ihm völlig klar, *dass ich mich dort aufhalten muss, wo mein Vater wirkt* (Lukas 2,49 db). Später hat er immer wieder durchblicken lassen, dass er sich ein Leben ohne steten Kontakt zu Gott gar nicht vorstellen kann. *Der Sohn kann nichts aus sich heraus tun. Er tut nur, was er den Vater tun sieht. Was immer der Vater tut, das tut auch der Sohn. ... Ich tue nichts, ohne den Vater zu fragen* (Johannes 5,19.30). Und den Willen Gottes zu tun, war für Jesus geradezu ein Lebensmittel, es war sein Schwarzbrot: *Meine Nahrung ist, dass ich den Willen Gottes tue, der mich gesandt hat, und sein Werk vollende* (Johannes 4,34).

Hingabe hatte für Jesus also eine völlig andere Bedeutung als für uns. Für uns heißt es oft: auf eigene Wünsche verzichten, sich von sich selbst losreißen und sich Gott ausliefern. Für Jesus aber hat Hingabe einen ganz anderen Klang: nach Hause kommen zum Ursprung, die Fülle finden, mit dem Vater und sich selbst eins sein, satt werden. Während wir immer erst Vertrauen fassen – manchmal erkämpfen – müssen, dass in der Hingabe an Gott ein Glück für uns verborgen sein wird, war Jesus davon durchdrungen: Sich seinem Vater hinzugeben, war pures Glück.

Gerade dieses Glück, diese Heimat, dieses Lebensmittel wird ihm nun genommen. Wird genommen? Nein, noch härter: Jesus erlebt es so, dass *sein Vater* derjenige ist, der es ihm nimmt. *Du hast mich verlassen!*

Tiefer im Elend als Jesus?

Ich frage mich manchmal, ob es Menschen gibt, die ein Elend in einer Tiefe durchmachen, von der Jesus so doch nichts erfahren hat. Der irdische Jesus hat keine Kindheit verbracht, die mit dem Leben in brasilianischen Straßenkinderbanden vergleichbar ist. Er hat nicht seine gesamten Angehörigen im Todestrakt eines Konzentrationslagers verloren. Er ist nicht jahrelang in nassen chinesischen Einzelzellen in Dunkelhaft gequält worden. Haben diese Menschen nicht ein Elend erlitten, das noch tiefer im Abgrund ist, als Jesus es war?

Nun, bei näherer Betrachtung war die Lebenserfahrung von Jesus doch umfassender, als es uns zunächst vorkommt. Nein, er hatte zum Beispiel keine eigenen Kinder und daher auch nicht die entsprechende Sorge und Enttäuschung von Eltern, aber er hatte seine

Schüler, für die er Verantwortung trug und von denen er dann auch bitter enttäuscht wurde. Sein Alltag ist oft sehr wohl vergleichbar mit unserem Alltag.

Aber die Tiefe der Qual? Ich glaube, in den Stunden am Kreuz, als Jesus abgrundtief verloren war, ist ein Elend enthalten, das sich kein Mensch wirklich vorstellen kann, weil kein anderer Mensch diese Lebensbeziehung zum Vater im Himmel hat. Ich glaube, dieses Bekenntnis ist wahr: Du kannst niemals in eine Tiefe geraten, in der Jesus nicht auch war. Der Gekreuzigte ist dir im Elend verbunden. Er weiß, was es heißt, das menschliche Leben bis in die letzten eisigen Dunkelheiten durchzumachen. Zuletzt blieb ihm nicht einmal ein verzweifeltes Gebet, sondern nur ein unartikulierter Schrei: *Da schrie Jesus laut auf und starb* (Markus 15,37).

Keine Not, die er nicht kennt

Weil Jesus so abgrundtief verloren war, bleibt für mein Leben keine Not übrig, in der er nicht sein kann. Ich kann für die harten Zeiten meines Lebens den 139. Psalm abwandeln und ihn für mich folgendermaßen beten:

Für heute:

»Wenn ich gehe, laufe, wenn ich gejagt werde und keinen Moment ausruhen kann – du siehst es und bist mit allem, was mir passiert, vertraut.

Wohin sollte man mich vertreiben, dass ich fern von deinem Geist wäre? Wohin könnte ein Feind mich verjagen, dass ich deiner Gegenwart entrönne?

Würde ich hinaus ins Weltall geschleudert, so bist du da. Bringt man mich um, so bist du im Totenreich auch da.

Wäre ich von allen Menschen verstoßen und isoliert wie am äußersten Meer, so würde deine Hand mich auch dort führen und dein starker Arm mich halten.

Wäre meine Krankheit so finster, dass ich mich in der Dunkelheit verbergen wollte, und würde ich am liebsten alle Lichter um mich und in mir ausmachen, so könnte ich mich dennoch nicht vor dir verstecken:

In meiner Nacht leuchtet das Wissen, dass du schon vor mir dort warst. Die Finsternis ist nicht ohne Licht – nicht ohne dich, mein Jesus.

Amen.«

Das geliehene Gebet

Gestern habe ich vorgeschlagen, in bestimmten Situationen mit den Worten eines biblischen Psalms zu beten. Diesen Psalm habe ich nicht wörtlich wiedergegeben, sondern in Variation, angepasst an die Lage, in der man betet.

Sich für das Beten Worte aus der Bibel leihen: Das ist eine Gewohnheit, die wir im Neuen Testament und in der Geschichte des Glaubens oft finden. Auch bei Jesus. Als er die Gottverlassenheit erlitt, betete er nicht mit frei formulierten Worten, sondern mit einem Psalmvers. Er wählte den Beginn des 22. Psalms. Dieses Gebet war ausgesprochen passend für seine Situation. Es enthält so viele Einzelheiten, die jetzt auf Jesus am Kreuz zutrafen, dass man diesen Psalm schon für prophetisch halten muss. Jesus kannte zweifellos die Schrift. Und wenn Juden eine Schriftstelle zitieren, hören sie meist den größeren Zusammenhang mitklingen. Als Jesus also rief: *Mein Gott, mein Gott, warum hast du mich verlassen?*, hat er zugleich die ganze Klage dieses Psalms gemeint: das Ausgelachtwerden, die Verachtung, den Spott, dass Gott ihn doch jetzt mal schön retten solle, die auseinandergezogenen Knochen seines Körpers, seine ausgetrocknete Zunge, seine durchbohrten Hände und Füße, die um sein Gewand würfelnden Feinde ... All das steht in Psalm 22. Jesus hätte kein passenderes Gebet wählen können.

Die Grenzen der eigenen Worte

Doch auch wenn Jesus nur ein allgemeines Klagegebet der heiligen Schrift nachgebetet hätte und nicht diesen besonderen, prophetischen Psalm: Auch ein »normaler« Psalm wäre ein starker Segen für ihn gewesen. Als Menschen kommen wir immer wieder dahin, dass unsere eigenen Worte im Gebet nicht ausreichen – oder dass wir sie gar nicht erst finden. Sei es, dass die Gedanken gelähmt sind von einer Sorge, sei es, dass die allzu vertrauten Formulierungen hohl geworden sind, sei es, dass unser Glück so überwältigend ist, dass kein selbst gefundenes Wort Gott auch nur annähernd angemessen rühmen könnte.

Immer wieder ist es ein Segen für uns, Gebetsworte aus der Heiligen Schrift zu leihen und nachzubeten. Wenn wir die Paulusbriefe lesen, stoßen wir regelmäßig auf solche Gebets-Zitate. Es ist kein Zeichen eines schwachen oder unselbstständigen Glaubens, dass man auf vorgegebene Worte zurückgreift. Im Gegenteil: Es ist das Zeichen für einen reifen Glauben, der die eigenen Grenzen anerkennt und hohe Wertschätzung für die Beter der Bibel hat. Sie sind uns vorausgegangen, Gott hat sie uns im wahrsten Sinne des Wortes vorgegeben. An sie dürfen wir uns anschließen und uns mit ihnen eins machen. Jesus hat uns das noch in seinen letzten Stunden gezeigt. Auch das Vertrauensgebet *In deine Hand befehle ich meinen Geist,* das Jesus (als Siebtes Wort am Kreuz) sprach, ist die Zeile eines Psalms.

Sich restlos unterbringen

Warum ist im Beten von Psalmen solcher Segen enthalten? Rainer Maria Rilke nennt die Psalmen »eines der wenigen Bücher, in dem man sich restlos unterbringt, mag man noch so verstreut und ungeordnet und angefochten sein.« Sich restlos unterbringen – Psalmen zu beten, bietet also ein geborgenes Zuhause für die Seele. Für die ganze Seele, mit komplett allem, *was in mir ist* (Psalm 103,1). Diesen Segen neu zu entdecken, wäre eine lohnende Sache.[9] So hat es auch Dietrich Bonhoeffer empfunden: »Mit dem Psalter geht einer christlichen Gemeinde ein unvergleichlicher Schatz verloren, und mit seiner Wiedergewinnung werden ungeahnte Kräfte in sie eingehen.«[10] Jesus am Kreuz hat nach und nach alle seine Kräfte verloren. Aber aus dem gebeteten Psalmvers noch einmal »ungeahnte Kräfte« zu ziehen, hat ihm zweifellos geholfen, bis zum Ende auszuhalten.

Dieser unvergleichliche Schatz ist sogar noch größer als nur das Buch der Psalmen. Die Beter des Neuen Testaments, die aus dem

Psalter lebten, haben selbst vielfältig gebetet. Auch diese Gebete sind zu einem Teil der Heiligen Schrift geworden und auch ihnen können wir uns anschließen. Das fängt natürlich bei Jesus selbst an. Seine letzten Worte am Kreuz sind hier Ausgangspunkt für tägliche Passionsandachten. Aber vor aller Betrachtung kann man sie einfach selbst beten, wenn es in die eigene Situation passt. Um Gebetsworte von Paulus zu leihen, bieten sich die Anfänge und Abschlüsse seiner Briefe an, die sehr oft Gebete enthalten.

Über den eigenen Horizont hinaus

Gebete der Bibel zu beten, macht mein eigenes Gebetsleben reich. Denn es führt mich hinaus über die Grenzen meines eigenen kleinen Erlebens. Hinaus auch über die Grenzen meiner manchmal abgenutzten Worte. Und schließlich komme ich über die Grenzen meiner bescheidenen Erwartungen hinaus. Ich bete – wenn Schriftworte mich entsprechend führen – nicht mehr nur für meine eigenen Belange, sondern für Gottes Reich, für seine Ehre in der Welt. Ich bete nicht nur für mich, sondern auch für andere Menschen, die mir plötzlich einfallen, weil manche Psalmen in diesem Moment besser auf sie als auf mich passen. Ich bitte also für diese anderen oder danke Gott für Segen in ihrem Leben. All das reichert mein Beten auf eine Weise an, die ich ohne die Psalmen nie erreichen würde.

Natürlich sind die Psalmen für mich erst einmal fremde Worte. Sie kommen von anderen Glaubenden aus einer anderen Zeit und oft aus einer anderen Situation. Die Psalmbeter sind mir auch in ihrer Gotteserfahrung und im Maß ihres Glaubens oft weit voraus. All das macht ihre Worte erst einmal fremd für mich. Ich muss sie mir erst zu eigen machen. Manchmal gelingt das nicht – die Fremdheit bleibt. Was dann?

Das auswählen, was jetzt stimmig ist

Dann darf ich getrost auswählen: Das mitbeten, was ich mitbeten kann – mehr nicht. Auch dies ist am Gebet von Jesus am Kreuz zu beobachten: Er hat sehr wahrscheinlich nicht den ganzen Psalm 22 in seinem Gebet mitschwingen lassen, sondern nur die erste Hälfte – die Worte der Verzweiflung. Die zweite Psalmhälfte, der Dank für die Erhörung und das zuversichtliche Gotteslob, ist ihm in der Sterbestunde wohl fremd geblieben und konnte nicht mit seinem Amen bestätigt werden. (Warum das so war, darum wird es morgen gehen.) Aber es ist völlig richtig und zulässig, Psalmen auch nur auswahlweise zu beten. Das wird aufrichtiger sein als ein vollständiger Psalm, der ein bloßes Lippenbekenntnis bleibt.

Die Worte des Psalms, die ich nicht mitbeten kann oder mag, können dann wiederum Ausgangspunkt für mein Gebet sein: Ich rede mit Gott darüber, warum mir dieses Gebet oder diese Erfahrungen des Psalmbeters fremd sind. Warum ich vielleicht auch nie so beten möchte – oder dass ich mich danach sehne, auch einmal so beten zu können. Wenn ich, von einem Psalm befremdet, dennoch weiterbete, hat dieser Psalm mir auch so noch seinen Dienst getan: nämlich mich zum Beten gebracht.

Jesus, der Sohn Gottes, ist Gott so nahe wie niemand sonst (ausgenommen die letzten Stunden seines Lebens). Er hat Zugang zu Gottes Herzen, wie wir uns das gar nicht ausmalen können. Er ist wohl der Einzige, der noch tiefere Einsicht in Gott hatte als die biblischen Psalmbeter. Doch auch er kommt nicht ohne die Psalmen aus. Auch er nutzt dankbar den Segen, den sie enthalten.

Sein qualvoller Ausruf *Mein Gott, mein Gott, warum hast du mich verlassen?* ist nicht nur Zeichen tiefster Einsamkeit, sondern zugleich eine Einladung an uns: Erschließen wir uns den Reichtum der Psalmen, indem wir sie beten!

Für heute:

 Was für ein Psalm würde für Sie zum heutigen Tag passen? Ein Dankpsalm? Eine Klage? Ein Bittgebet?

Zerrissen

Eine der stressigsten Zeiten meines Lebens waren die Monate, als ich mich mit einer neuen beruflichen Perspektive auseinandersetzen musste. Selten war ich innerlich so zerrissen wie damals. Man hatte mich gefragt, ob ich aus dem Gemeindedienst in eine theologische Lehrtätigkeit wechseln würde. Für sich genommen war das eine schöne Aussicht, eine sehr reizvolle Aufgabe. Ich war sofort bereit, Gott zu fragen, ob das sein Weg für mich sein sollte. Die Zerrissenheit kam aber dann aus den Begleitumständen. Anders als in unserer Kirche üblich hatte man gleichzeitig einem anderen Kandidaten dieselbe Frage gestellt. Das ist eine Bewerbungssituation, die fast überall völlig normal ist – in unserer Kirche aber bis damals nicht. Denn nun fragen sich ja zwei Menschen, ob Gott sie auf denselben Platz führt – aber nur einer kann es werden. Zugleich spürte ich: Wenn es wirklich eine geistliche Wegweisung für mich sein soll, dann kann ich mich nicht selbst positionieren, mich nicht »gut verkaufen« und dadurch jemanden ausstechen wollen.

Aus dieser Spannung entstand für mich eine Zerrissenheit, die ich nicht gut aushalten konnte. Ich war für meine Frau in diesen Wochen wohl ziemlich ungenießbar. Ein Ende nahm das erst, als ich Abstand von dieser ganzen Aussicht nahm und mich entschloss, dafür nicht mehr zur Verfügung zu stehen. Eine eigentlich schöne und verheißungsvolle Möglichkeit war damit verschwunden. Es war ein Verlust und doch auch ein Gewinn: Die Klarheit war letztlich wichtiger und heilsamer als der andauernde Schwebezustand zwischen den Möglichkeiten.

Darf ich diese Hoffnung wirklich in Anspruch nehmen?

Darf ich auf etwas hoffen oder kommt diese Hoffnung für mich sowieso nicht infrage? Eine solche Zerrissenheit muss es gewesen sein, in der Jesus steckte, als er am Kreuz Gebetsworte aus dem 22. Psalm übernahm. Denn dieser Psalm, so haben wir gestern gesehen, hat zwei Teile: zunächst das Gebet aus größter Not heraus, dann in der Mitte der Umschwung: *Du hast mich erhört!* (Vers 22), und nun der Dank. Es besteht kein Zweifel, dass Jesus, als er den ersten Vers dieses Psalms betete, wusste, wie es weiterging. Er betete den Beginn einer Geschichte, die voller Hoffnung steckte, und musste doch sehr daran zweifeln, dass diese Hoffnung *jetzt* für ihn zugänglich war. Denn dass er – anders als der David des 22. Psalms – sterben würde, das war ihm ja klar. So hatte er es seinen Jüngern dreimal erklärt. Gottes Wort voller Hoffnung, aber ein eigener Lebensweg, der diese Hoffnung nicht erfüllt – daraus, meine ich, entstand seine Zerrissenheit.

Ich glaube, dass es so war, weil Jesus am Tag zuvor dieselben inneren Kämpfe durchmachen musste. Er hatte das Passahfest gefeiert. Und ein Bestandteil der Passahliturgie ist das sogenannte »Hallel«: die Folge der Lobgebete, die wir in Psalm 113 bis 118 in unserer Bibel haben. Das Evangelium berichtet auch, dass Jesus und seine Jünger dieses Hallel gebetet hatten: *Nach dem Lobgesang gingen sie zum Ölberg hinaus* (Matthäus 26,30 eü). Die Ausleger sind sich einig, dass damit die Abschlussliturgie des Passsahfestes gemeint ist.

Als Jesus Gottes Wort verneinen musste

Was aber hat Jesus dabei gebetet? Einen Satz, den er – der ja dem Tod am Kreuz unmittelbar ins Auge schaute – aus ganzem Herzen unterstreichen konnte. *Der Tod hatte bereits seine Hand nach mir ausgestreckt, die Schrecken des Grabes griffen nach mir. Ich sah keinen Ausweg mehr* (Psalm 116,3). Einen anderen Satz, der ihn vielleicht beunruhigt hat: *Die Toten können den Herrn nicht loben, denn sie sind dort, wo man für immer schweigt* (Psalm 115,17). Viele Bekenntnisse hat Jesus gebetet, denen er *jetzt für sich* nicht zustimmen konnte. Denn er war sich ja im Klaren darüber, dass er dem Tod nicht ausweichen würde, sondern ihm voll und ganz unterliegen sollte.

Er hat meine Seele vor dem Tode bewahrt, meine Augen vor den Tränen und meine Füße vor dem Stolpern (Psalm 116,8) – hier kann Jesus nur gedacht haben: Nein, für mich gilt das jetzt nicht, ich darf das nicht in Anspruch nehmen. *Ich werde nicht sterben, sondern leben* (Psalm 118,17) – doch, Jesus ist gestorben, dieses Wort war jetzt nicht für ihn da. *Der Herr … hat mich nicht dem Tod ausgeliefert* (Vers 18) – doch, genau das würde Gott am Tag nach dem Passahfest, am Tag, nachdem Jesus dies betete, tun: ihn dem Tod ausliefern.

Der Sohn Gottes hat am Karfreitag sein Leben verloren, aber am Vorabend hat er Gottes Wort verloren. Er durfte es nicht in Anspruch nehmen. Vom 22. Psalm konnte er sich ebenfalls die zweite Hälfte nicht zu eigen machen. Auch darin besteht seine Passion. Am heutigen Tag sind wir ziemlich in der Mitte der Passionszeit angelangt. Ob wir mit der Beobachtung, dass der Sohn Gottes zuletzt auch Gottes Wort verlor (oder zumindest etwas davon), vielleicht das Herzstück der Passion von Jesus erfasst haben?

Hoffnungsschatten der Auferweckung

Nun hat Jesus ja seine Jünger nicht nur dreimal darauf vorbereitet, dass er sterben würde, sondern er hat auch von seiner Auferweckung gesprochen. Auch den Juden um ihn herum hat er das angedeutet: nämlich als er ihnen das Gleichniswort sagte, er werde in drei Tagen den Tempel wieder aufbauen. Seinen eigenen Körper hatte er in verhüllter Redeweise damit gemeint (Johannes 2,19-22). Auf lange Strecken seines Lebens hatte Jesus also die Zuversicht, der Tod würde nicht das Ende sein.

Sollte Jesus dann, als er den 22. Psalm anklingen ließ, wirklich nur die erste Hälfte, die Klage, gemeint haben? Von seiner Gewissheit, die er zuvor hatte – sollte da nicht ein Rest nachgewirkt haben, so dass er aus der zweiten Hälfte des Psalms doch noch Hoffnung schöpfen konnte?

Ja, so kann es gewesen sein. Aber es war dann eine sehr rissige Hoffnung. Die Hoffnung war, dass Gott auf seinen Schrei hören würde: *Er hat die Augen nicht vor dem Leid des Bedürftigen verschlossen. Er hat sich nicht abgewandt, sondern hat seine Hilferufe gehört* (Psalm 22,25). Die Risse aber, die durch diese Hoffnung gingen, bestanden darin, dass Jesus wusste: Gott wird ihn ja auch im allerbesten Fall nicht vor dem Tod bewahren, sondern nach dem Tod auferwecken. Jetzt, im Sterben, ist tatsächlich die erste Hälfte von Psalm 22 in Kraft. Jetzt, im Sterben, hat Gott ihn verlassen. So erfährt er es.

Bleibende Spannung

Genau hierher kann die tiefe innere Zerrissenheit von Jesus am Kreuz gekommen sein: aus einem Psalm, der beides enthält, Not und Hoffnung. Wer diesen Psalm betet und dabei weiß, dass er sterben muss, der kann durchaus zerrissen sein zwischen Gottverlassenheit und Hoffnung. Ob diese Zerrissenheit geringer gewesen wäre, wenn Jesus diese Hoffnungs-Hälfte gar nicht erst gesehen hätte? Ob es ein klein wenig leichter gewesen wäre, wenn Jesus in seiner Seele den Schlussstrich hätte ziehen können? Als ich damals mit der beruflichen Anfrage zurechtkommen musste, war es wie eine Erlösung, dieser Aussicht den Abschied zu geben. Die betreffende Hoffnung war weg, aber die Zerrissenheit auch.

Jesus hatte die Auferweckungsgewissheit zumindest früher gehabt. Und er war mit Psalm 22 und dessen Umschwung hin zur Rettung vertraut.

Hoffnung und Todesgewissheit. Wie zerrissen muss seine Seele gewesen sein!

Für heute

»Jesus, ich kann dir nicht nachfühlen, was du in deinen Todesstunden durchgemacht hast. Ich kann nur von Ferne erahnen,
wie groß deine Not war. Du hast eingewilligt und dich all dem
ausgesetzt, was deine Seele zerriss. Wie schmerzlich muss es
gewesen sein, dass Gottes Wort jetzt keine reine Zuflucht
mehr war, sondern dich zugleich in solch eine Spannung
brachte. Jesus, nimm mein Gebet jetzt als ein Zeichen der
Hochachtung. Ich ehre dich dafür, dass du alles ausgehalten
hast.«

Sieben Worte für das Leben

Warum nur?

Warum musste mir das passieren? Warum hat man mich ausgenutzt, obwohl ich doch nur helfen wollte? Warum gelingt anderen so vieles scheinbar mühelos, während ich mir jeden einzelnen Schritt erkämpfen muss?

Warum-Fragen sind aus unserem Leben nicht wegzudenken. Sie treffen uns wie ein Schnupfen. Meist helfen sie nicht weiter, sie klären nichts. Aber abschütteln können wir sie auch nicht so rasch.

Mein Gott, mein Gott, warum hast du mich verlassen? Jesus kennt die Warum-Frage! Auch sein Leben nahm Wendungen, die er irgendwann nicht mehr richtig deuten konnte. Es war nicht alles von A bis Z sinnvoll für ihn. Das Fragezeichen blieb. Jesus war vollkommen Mensch wie wir, ganz am Ende auch mit der Warum-Frage.

Frühere Klarheit ist verschwunden

Eigentlich ist es verwunderlich, dass Jesus auf einmal nicht mehr richtig wusste, warum ihm das alles passierte. Er hat doch bewusst Ja zum Weg ans Kreuz gesagt. Er hat seinen Jüngern den Sinn seines Todes erklärt: *Der Menschensohn ist nicht gekommen, um sich dienen zu lassen, sondern um anderen zu dienen und sein Leben als Lösegeld für viele Menschen hinzugeben* (Markus 10,45). Indem Jesus stirbt, bezahlt er für die Schuld der Sünder. Er löst sie aus, im Tausch gegen sein eigenes Leben. Das war der Sinn seines Sterbens – so hat er selbst es gesehen.

Warum nun aber dann doch die Warum-Frage? Ob Jesus dann doch überwältigt davon war, dass dieser Tausch mit den Sündern alle Konsequenzen nach sich zog und der Vater sich wirklich von ihm als Sünder abwandte? Die Möglichkeit, sein Leben als Lösegeld zu geben, hat Jesus ja im Prophetenwort von Jesaja vorgebildet gefunden. Der besondere Diener Gottes nimmt die Sünden vieler auf sich und verschafft ihnen so Gerechtigkeit. Das – so Jesaja – wird Gott anerkennen, dafür wird Gott ihn ehren: *Weil seine Seele sich abgemüht hat, wird er sich dann an dem, was er zu sehen bekommt, erfreuen. ... Er wird ihre Sünden auf sich nehmen. Deshalb werde ich ihm seinen Anteil unter den Großen geben* (Jesaja 53,11-12). Ob Jesus von dieser Prophetie her eher den gütigen Gott erwartet hat, der auf das Kreuz blickt, als den abwesenden Gott?

Eine Antwort ist nicht versprochen

Fest steht jedenfalls: Jesus bekommt keine Antwort auf seine Warum-Frage. Und das ist typisch für alle unsere Warum-Fragen. In den seltensten Fällen beantwortet Gott sie so, dass alles aufgeklärt ist und wir restlos zufrieden sind. In der Bibel lesen wir kein Versprechen, das lauten würde: »Vertraut auf den Herrn für immer, er wird euch alles erklären, was ihr nicht versteht.« Im Gegenteil, wir begegnen vielen Glaubenden in der Geschichte des Volkes Gottes, die mit mächtigen Warum-Fragen gekämpft, aber keine klare Antwort erhalten haben. David im 22. Psalm bekommt keine Antwort: »Versteh doch, aus diesem Grund habe ich dich verlassen.« Ebenso ist es bei Hiob: Auf keine einzige seiner Fragen geht Gott ein.

Auch Jeremia, der vielleicht am meisten belastete Prophet der Bibel, hat viele Gründe zur Klage, und den Sinn seiner Bedrängnis versteht er nicht. *Nie nahm ich an den Festen teil, bei denen die Menschen ihre Scherze machen, ich saß stets allein für mich, niedergedrückt von der Last des Zorns, den du mir auferlegt hast. Warum muss ich endlos leiden? Warum sind meine Wunden unheilbar?* (Jeremia 15,17-18). Gott gibt auch ihm keine echte Antwort. Aber er ergreift das Wort und reagiert! Allerdings ist Gottes Reaktion schroff. Sie klingt so, als wollte er Jeremia noch mehr zumuten. *Der Herr antwortete mir: »Wenn du anderen Sinnes wirst und zu mir zurückkommst, will ich dich wieder in meinen Dienst* aufnehmen. *Wenn du keine unwürdigen Worte mehr von dir gibst, sondern nur noch Worte, die es wert sind, ausgesprochen zu werden, darfst du weiterhin mein Bote sein.*« (Vers 19). Gott lehnt offenbar Jeremias Frage ab und bietet ihm an, dass Jeremia sein bisheriges schwieriges Leben fortsetzen darf!

Gott reagiert!

Alle drei – der David von Psalm 22, Hiob und Jeremia – haben eins gemeinsam: Wenn Gott auch die Ausgangsfrage nicht beantwortet, er reagiert sehr wohl. Er meldet sich durchaus zu Wort. Nur dass er dabei vielleicht die Ausgangsfrage auf den Kopf stellt. Oder eine Frage beantwortet, die der Glaubende stattdessen besser hätte stellen sollen. Auch Jesus erlebte Gottes Reaktion. Nach drei Tagen weckte Gott ihn von den Toten auf und zeigt so ihm und aller Welt, dass er diesen Gekreuzigten eben nicht verworfen hat, sondern anerkennt. Der Ausgang, der in Jesaja 53 prophetisch angekündigt wurde, hat sich sehr wohl erfüllt. Gott hat also reagiert – auch wenn er seinen Sohn vorher mit der Warum-Frage allein gelassen hat.

Genau das können wir erwarten, wenn wir Gott die Fragezeichen unseres Lebens vorhalten: dass er reagiert, irgendwie. Zu seiner Zeit und auf seine Weise. Das Versprechen von Jesus *Bittet, so wird euch gegeben* gilt sinngemäß auch für unsere Warum-Fragen. Gott wird uns darauf etwas geben. Nicht unbedingt das, worum wir gebeten haben. Es heißt nicht: Bittet, und das Erbetene wird euch gegeben. Sondern versprochen ist: Bittet, und Gott wird euch daraufhin etwas geben.

Mir persönlich sind die wenigsten Warum-Fragen meines Lebens beantwortet worden. Übrigens auch nicht die positiven Warum-Fragen: Warum bin ich mit einer vertrauensvollen und glücklichen Ehe beschenkt? Warum haben meine Kinder Christus ihr Vertrauen ausgesprochen? Warum durfte ich als Gemeindepastor das Glück erleben, Gottes Wort auszulegen und Menschen dadurch zu segnen? Warum habe ich mit 16 Jahren die Jazzmusik kennengelernt und seitdem so viel Freude von ihr bekommen? Warum habe ich zwar seit Jahren einen Tinnitus auf beiden Ohren, aber er schränkt mich nicht ein und belastet mich kaum? Warum geht es mir vergleichsweise gut damit? Gott hat das einfach so gegeben. Eine richtige Erklärung gibt es nicht, außer: Gott hielt das offenbar für gut.

Klärung erst nachträglich

Warum hatte Gott seinen Sohn am Kreuz verlassen? Im Rückblick kann man sich das erklären. Paulus schreibt: *Den, der Sünde nicht kannte, hat er für uns zur Sünde gemacht, damit wir Gottes Gerechtigkeit würden in ihm* (2. Korinther 5,21). Christus hat unsere Sünde nicht nur getragen, sondern er ist selbst ganz und gar zur Sünde geworden. Sünde ist Misstrauen und Auflehnung gegen Gott. Davon wendet sich Gott ab. Von dem, der völlig zur Sünde wurde, hat er sich also abgewendet.

Zur Sünde gemacht – das ist die Ausdrucksweise von Paulus. Jesus selbst hat vermutlich andere Worte gewählt. Auch er aber konnte hinterher seinen Jünger von der Bibel her (vielleicht gerade von Jesaja 53 her) erklären, warum sein Tod nötig war. *»Die Propheten in der Schrift ... haben sie nicht angekündigt, dass der Christus alle diese Dinge erleiden muss, bevor er verherrlicht wird?« Und er begann bei Mose und den Propheten und erklärte ihnen alles, was in der Schrift über ihn geschrieben stand* (Lukas 24,25-27).

Jesus hat irgendwie dann doch Antwort auf seine Warum-Frage bekommen. Aber nicht, bevor er starb! In seinem irdischen Leben als begrenzter Mensch blieb das Fragezeichen. Er musste den unerklärlichen Weg durchstehen. Eine harte Antwort Gottes, eine Jeremia-Antwort.

Gott mutet uns ungelöste Warum-Fragen zu, aber er reagiert auf seine Weise darauf. Nicht mehr, aber auch nicht weniger ist uns versprochen.

Für heute:

Stellen Sie Gott Ihre Warum-Fragen. Und überlassen Sie es erwartungsvoll ihm, wann und wie er darauf reagiert.

Hat Gott mich bestraft?

Warum, Gott, hast du mich verlassen? Das ist eine Frage, auf die viele Menschen zu allen Zeiten sehr wohl eine Antwort wussten und wissen. »Mir passiert dieses Unglück (diese Krankheit, dieser Verlust ...) jetzt, weil Gott mich offenbar bestraft.« Das scheint die einzig mögliche Erklärung zu sein.

Die wenigsten tragen diese Auffassung offen vor sich her, aber in der Seelsorge kommt sie immer wieder zutage. Daran hat anscheinend auch der Grundton der Predigten in den letzten Jahrzehnten nichts grundlegend geändert. In den meisten Predigten steht der barmherzige Gott, der Vater, viel mehr im Vordergrund als früher, als man eher den heiligen, richtenden, ehrfurchtgebietenden Gott betonte. Die Wiederentdeckung Gottes als Vater ist ein ausgesprochen großer Segen. Aber dennoch glauben nach wie vor viele Menschen, Gott strafe sie, wenn ihnen etwas Schweres zustößt.

Gottes Liebe, Gottes Zorn

Der Hinweis auf Gott, den Vater, der Erbarmen empfindet, bewahrt nicht immer vor einer so dunklen Sicht auf das eigene Leben. Denn zu Recht kann man einwenden: Ja, sicher ist Gott der liebende Vater, aber dennoch sind die anderen Wesenszüge Gottes ja nicht weggewischt, sondern klar in der Bibel bezeugt: Gottes Zorn, Gott als Richter. Wir dürfen keine der Seiten Gottes leugnen. Besser ist es, sie zu verstehen und die Größenverhältnisse zu begreifen.

Sein Zorn trifft uns einen Augenblick, doch seine Güte umgibt uns unser Leben lang (Psalm 30,6). Hier ist in grundlegend gültiger Weise das Größenverhältnis beschrieben. Dass Gott zornig werden kann und auch tatsächlich immer wieder zornig wird, ist richtig. Das passiert nicht selten – aber wenn, dann »punktuell«, für einen Augenblick. Aber beständig, immer vorhanden und viel ausgedehnter als der Zorn ist Gottes Güte. Das Maß von Gottes Zorn muss man vielmals multiplizieren, um das Maß von Gottes Liebe zu erreichen.

Zu Mose hat Gott einmal gesagt – und zwar in einer Situation, als er kurz vorher von Zorn entbrannt war, weil Gottes Volk ein goldenes Kalb angebetet hat: *Ich bin ein Gott voll Liebe und Erbarmen. Ich habe Geduld, meine Güte und Treue sind grenzenlos. Ich erweise Güte über Tausende von Generationen hin, ich vergebe Schuld, Verfehlung und Auflehnung; aber ich lasse auch nicht alles ungestraft hingehen. Wenn sich jemand gegen mich wendet, dann bestrafe ich dafür noch seine Kinder und Enkel bis in die dritte und vierte Generation* (2. Mose 34,6-7 gnb). Auch hier haben wir eine klare Angabe des Größenverhältnisses: Gottes Gnade wirkt tausendfach nach, Gottes Strafe drei- oder vierfach. Auch hier stellt Gott nicht in Abrede, dass er straft. Aber damit ist seine Liebe nicht außer Kraft gesetzt, sie ist nicht einmal annäherungsweise aufgewogen.

Sonne und Mond

Im Bild gesprochen: Gottes Liebe ist so groß wie die Sonne. Gottes Zorn ist so groß wie der Mond. Nun kann es vorkommen, dass der Mond sich so exakt vor die Sonne schiebt, dass die Sonne völlig verdeckt ist. Sonnenfinsternis. Dann wird es dunkel auf der Erde. Aber das betrifft nur einen kleinen Ausschnitt der Erdoberfläche. Dorthin fällt der Kernschatten. Man muss schon im Zentrum des Kernschattens stehen, um die völlige Verdunkelung mitzubekommen.

Ebenso ist es mit Gottes Zorn. Es kann sein, dass er Gottes Liebe völlig verdeckt. Gottesfinsternis! In ganzer Kälte spürt das derjenige, der genau im Kernschatten von Gottes Zorn steht. Woanders sind das Licht und die Wärme von Gottes Liebe sehr wohl da. Aber auch im Kernschatten ist Gottes Liebe nicht ausgelöscht. Sie ist nach wie vor da und nach wie vor um ein Vielfaches größer als Gottes Zorn. Nur dass der, der dort ist, es gerade nicht spüren kann.

Genau dies ist das Geheimnis des Kreuzes: Hier ist der Ort, wo Gott seinen Sohn verlassen hat – wie Jesus' Ausruf am Kreuz zeigt. *Hier* ist der Kernschatten der Gottesfinsternis. Aber auch nur hier.

Wie Gott wirklich straft

Hier ist auch die Antwort für jeden, der glaubt, Gott strafe ihn dadurch, dass ihm Schlimmes passiert. Ja, Gott ist heilig. Ja, Gott hat das gesehen, was in Ihrem Leben nicht zu ihm passt. Ja, Gott weiß, dass Sie sündigen. Wahrscheinlich sieht Gott andere dunkle Punkte in Ihrem Leben als Sie. Und nicht alles, wofür Sie sich anklagen, ist auch in Gottes Sicht Sünde. Aber gleichwohl: Ja, Sie haben gesündigt.

Und ja, Gott straft Ihre Sünde! Und zwar an einem einzigen Ort: im Kernschatten seines Zorns. Am Kreuz.

Am Kreuz hängen aber nicht Sie, sondern Christus für Sie. Sie also sind außerhalb des Schattens. Sie sind im Wirkungsbereich der Sonne – der Liebe Gottes. Und was das Schwere in Ihrem Leben betrifft: Das *kann* gar keine Strafe Gottes sein an Ihnen, denn Gott hat bereits gestraft, was zu strafen ist: am Kreuz.

Mein Gott, mein Gott, warum hast du mich verlassen? So rief Jesus voller Not. Von Schriftworten wie Psalm 30,6 und 2. Mose 34,6-7 und von dem Gleichnis der Sonnenfinsternis her können wir auf Jesus' Frage antworten: Gott hat dich verlassen, Jesus, weil du zu unserer Sünde geworden bist. Gott hat dich verlassen, damit er *uns* nie mehr verlässt.

Schlussfolgerung

Das ist die richtige Schlussfolgerung aus dem Kreuz und aus Jesus' Ausruf: Weil der Vater im Himmel so weit gegangen ist und seinen Sohn tatsächlich verlassen hat, sind wir nie mehr von Gott verlassen. Für uns ist Gottes Liebe nicht verdunkelt. *Kann uns noch irgendetwas von der Liebe Christi trennen? Wenn wir vielleicht in Not oder Angst geraten, verfolgt werden, hungern, frieren, in Gefahr sind oder sogar vom Tod bedroht werden? ...*

Ich bin überzeugt: Nichts kann uns von seiner Liebe trennen. Weder Tod noch Leben, weder Engel noch Mächte, weder unsere Ängste in der Gegenwart noch unsere Sorgen um die Zukunft, ja nicht einmal die Mächte der Hölle können uns von der Liebe Gottes trennen. Und wären wir hoch über dem Himmel oder befänden uns in den tiefsten Tiefen des Ozeans, nichts und niemand in der ganzen Schöpfung kann uns von der Liebe Gottes trennen, die in Christus Jesus, unserem Herrn, erschienen ist (Römer 8,35.37-39).

Und dieselben Umstände und Erfahrungen, die uns von Gottes Liebe nicht trennen können – Not, Angst, Hunger, Gefahr, und über Paulus hinaus kann man auch noch Krankheit nennen, Trauer, Verleumdung, Diskriminierung und vieles mehr –, die können auch keine Strafe sein, mit der Gott unsere Schuld an uns vergelten wollte. Denn diese Schuld hat er bereits gestraft.

Im Kernschatten. Am Kreuz.

Für heute:

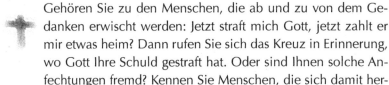

Gehören Sie zu den Menschen, die ab und zu von dem Gedanken erwischt werden: Jetzt straft mich Gott, jetzt zahlt er mir etwas heim? Dann rufen Sie sich das Kreuz in Erinnerung, wo Gott Ihre Schuld gestraft hat. Oder sind Ihnen solche Anfechtungen fremd? Kennen Sie Menschen, die sich damit herumschlagen und für die Sie beten können?

Wenn Gott sich nicht meldet

Es war schon finster geworden, und Jesus war noch nicht zu ihnen gekommen (Johannes 6,17). So kann es Jüngern von Jesus ergehen! Der zitierte Satz stammt aus dem Bericht darüber, wie die Jünger allein – ohne Jesus – nachts im Boot über den See fahren, bei zunehmendem Wind. Jesus hat sie selbst in diese Lage gebracht, indem er sie fortschickte (Matthäus 14,22). Sie geraten in eine Situation, die am treffendsten so zu beschreiben ist: *Jesus war noch nicht zu ihnen gekommen.*

Eine Erfahrung, die wir häufig machen: Unsere Tage laufen in Routine ab, aber Gott meldet sich darin nicht zu Wort. Jesus ist entfernt oder auf Funkstille – diese Erfahrung ist eine biblische Erfahrung. Zum Leben der Glaubenden gehören auch Zeiten der Abwesenheit Gottes. Diese steile Behauptung ist richtig, weil Jesus bei vielen Gelegenheiten davon gesprochen hat. Auffallend viele Gleichnisse, die er erzählt, handeln davon, dass »der Herr« abgereist ist und seine Diener nun erst einmal allein zurechtkommen müssen. Die verschiedenen Gleichnisse vom Haushalter gehören hierher, das Gleichnis von den anvertrauten Talenten, von den treulosen Weingärtnern und noch etliche mehr.[11] Es muss uns zu denken geben, dass Jesus diese Erfahrung so häufig als Gleichnis für Gottes Reich wählte. Irgendetwas an Gott muss so beschaffen sein, dass wir ihn immer wieder zwischendurch als den Abwesenden erfahren!

Das kann allerdings nur die eine Seite der ganzen Wahrheit sein. Denn der Jesus, der solche Gleichnisse erzählte, hat seinen Jüngern doch zum Abschied mitgegeben: *Ich bin bei euch alle Tage bis zur Vollendung des Zeitalters* (Matthäus 28,20). Von Paulus haben wir gestern gelesen, dass uns nichts von Gottes Liebe trennen kann – sie kann demnach also nie »abwesend« sein. Und Jesus hat seinen Jüngern die kostbare Wirklichkeit zugesprochen: Sie können und sollen in ihm bleiben und er ist in ihnen (Johannes 15–17). Das ist unumstößlich.

Aber diese Zusagen löschen das andere nicht aus: Jesus spricht vom abwesenden Herrn. Um beides zueinander zu bekommen, müssen wir uns Stück für Stück Klarheit verschaffen. Der abwesende Gott – damit kann nicht gemeint sein:

- Gott hat uns in den betreffenden Zeiten seine Liebe entzogen.
- Er hat sich auf Nimmerwiedersehen verabschiedet.
- Er möchte uns durch solche Erfahrungen zurücksetzen oder benachteiligen.
- Die Gewissheit, dass wir bei ihm komplett angenommen sind und er uns errettet hat, soll uns fragwürdig werden.

Es muss ein anderer Sinn dahinterstecken, wenn Gott sich nicht meldet.

Zu klein von Christus denken

Die eine Möglichkeit: Wir denken zu klein von Christus. Das war der Fall, als die Jünger nachts bei aufkommendem Wind ohne Jesus auf dem See fuhren. Am Tag zuvor hatte Jesus sie an einem ausgesprochen großen Wunder beteiligt: Er hatte, vermittelt durch ihre Hände, fünftausend Männer und sicherlich noch einmal so viele Frauen und Kinder satt gemacht (Johannes 6,1-15). Alle waren natürlich maßlos erstaunt, und zwei Gedanken legten sich nahe: Das muss der in der Heiligen Schrift angekündigte Prophet sein. Und: Den wollen wir als König haben!

Das aber ist zu klein gedacht von Christus. Er ist der Prophet der Erfüllungszeit, ja, aber er ist mehr als das. Er ist auch der Gesalbte, der Sohn Davids, der erwählte Diener Gottes aus dem Jesajabuch, er ist der Messias. Auf keinen Fall aber ist er der König, der die Lebensmittelprobleme im Land löst.

Der ganzen Volksmenge, den 5000 plus Frauen und Kinder, kann Jesus das jetzt noch nicht klar machen. Aber seine zwölf Jünger dürfen keinesfalls in diesem Irrtum, in diesem Tunnelblick bleiben. Aus dieser zu engen Sichtweise will Jesus sie mit aller Kraft herausholen. Über die Jünger schreibt der Ausleger Adolf Pohl: »Ohne ihre Zurückgewinnung war sein [Jesus'] Werk nicht denkbar. Damit sie ›mit ihm‹ blieben (Markus 3,14), musste er sich hier von ihnen trennen.«[12] Wenn sie Jesus gefragt hätten: »Warum hast du uns verlassen?«, dann wäre seine Antwort ungefähr gewesen: Ich muss euch aufrütteln, verstören und mich als jemand zeigen, der euch fremd ist. Und zwar deshalb, damit ihr neu nach mir fragt und begreift, dass eure Sicht von mir momentan zu eng ist.

Funkstille von Jesus in unserem Leben – sie kann den Sinn haben, dass wir umso energischer nach ihm suchen, und zwar auch nach einem neuen Verständnis von ihm. Darum hat er uns verlassen.

Zu klein von uns selbst denken

Die Gleichnisse, in denen der Gutsherr oder Hausherr auf Reisen geht, sind anders gelagert. Dieser Herr steht für Christus oder für Gott. Die Diener (wir), die er zurücklässt, haben dreierlei mitbekommen: eine Aufgabe; Material, um diese Aufgabe zu erfüllen – und das Vorschussvertrauen, dass sie das auch können, was ihre Aufgabe ist. Indem der Herr abwesend ist, würdigt er also seine Diener geradezu: Ihr seid bestens ausgestattet, ihr kennt meine Absichten, ihr könnt loslegen.

Manche Christen neigen dazu, zu klein von sich zu denken. Sie trauen sich nicht zu, dass ihnen vor Gott etwas gelingen kann. Sie wagen deshalb nichts Mutiges. Jesus allerdings sieht seine Jünger anders: *Ich nenne euch nicht mehr Diener, weil ein Herr seine Diener nicht ins Vertrauen zieht. Ihr seid jetzt meine Freunde, denn ich habe euch alles gesagt, was ich von meinem Vater gehört habe* (Johannes 15,15). Wir, Jesus' Jünger, wissen also, was unser himmlischen Vater auf dem Herzen hat. Wir sind mit Vertrauen beschenkt. Von daher können wir – in seinem Geist – durchaus auch

Sieben Worte für das Leben

mal selbst beurteilen, was wir tun und was wir lassen sollen. Geradezu triumphierend klingt der Ausruf von Paulus: *Wir aber denken im Sinne von Christus* (1. Korinther 2,16)! Das ist von Christen gesagt, die mit Gottes Geist beschenkt wurden. Wir sind durchaus dafür ausgestattet, Zeiten der Funkstille zu bestehen.

Mitdenken!

Eine Anekdote, die im vorigen Jahrhundert spielt, im Gebiet des heutigen Polen, geht so:

»Der Chef sagt zum neuen Reisevertreter: ›Sie nehmen den Frühzug, bringen sich dann in Neutomischl im Hotel ein wenig in Ordnung, lassen sich eine Tasse heiße Bouillon servieren; dann gehen Sie zum alten Auerbach, fragen ihn, wie er mit dem letzten Posten Seidenstrümpfe zufrieden war, legen ihm die Muster vor, machen ihn aufmerksam, dass wir ein ganz neues Farbsortiment und dennoch sehr günstige Preise haben, nehmen die Bestellung auf, und am Nachmittag telegrafieren Sie mir den Erfolg.‹

Der junge Mann ist abgereist, aber am Nachmittag kommt kein Telegramm. Es wird Abend, es wird Nacht – der Chef ist außer sich. Da endlich der Telegrammbote. Hastig reißt der Chef den Umschlag auf. ›In ganz Neutomischl keine Bouillon aufzutreiben. Was tun?‹«[13]

Tja, mitdenken … Auch die Diener von Christus dürfen gerne selbst mitdenken! Sie sind ja ins Vertrauen gezogen und können ermessen, was Gott möchte.

Was Gott für uns hat

Blicken wir zurück ans Kreuz. Hier war Jesus eine unerträgliche Zeitlang ganz von Gott verlassen. In dieser Tiefe werden wir niemals von Gott verlassen sein. Wenn er sich zwischendurch nicht meldet, wenn er sich uns als der Abwesende zeigt, dann nicht, weil er etwas gegen uns hätte. Sondern er hat etwas für uns: eine neue, größere Sicht auf ihn und seinen Sohn vielleicht. Oder eine neue, größere Sicht auf uns selbst.

Was es in unserem Leben genau ist, finden wir heraus, indem wir den Satz von Jesus beten. Aber nun nicht verzweifelt, sondern voller Erwartung und Zutrauen: *Mein Gott, mein Gott, warum hast du mich verlassen?*

Für heute:

 Wann haben Sie Gott das letzte Mal als fern erlebt? Fragen Sie ihn, was er mit Ihnen vorhat.

Hartnäckig beten

Ist Ihnen schon einmal aufgefallen, wie unlogisch das Gebet von Jesus am Kreuz ist? *Mein Gott, mein Gott, warum hast du mich verlassen?* – wenn Gott ihn verlassen hat, wie kann Jesus ihn dann noch anreden? Ist das nicht widersinnig?

Genauso unlogisch ist der 22. Psalm, den Jesus hier betet. David ist von Gott verlassen worden – so bekennt er es zumindest. Früher war Gott anwesend: *Du hast mich sicher aus dem Mutterleib geholt und mich gelehrt, dir zu vertrauen, als ich noch ein kleines Kind war. Seit meiner Geburt bist du mein einziger Halt und mein Gott seit Beginn meines Lebens* (Vers 10-11). Jetzt aber sind ganz andere Personen gegenwärtig: *Meine Feinde umringen mich wie eine Herde Stiere, wie wilde Stiere umzingeln sie mich. ... Wie ein Rudel Hunde umkreisen mich meine Feinde und eine Rotte von Bösen treibt mich in die Enge ... Meine Gegner sehen mich schadenfroh an* (Vers 13.17-18). Wie kann David noch Gott mit *Mein Gott!* anrufen, wo er doch gar nicht da ist?

Gerade diese Unlogik aber ist das Geheimnis des Gebets. Das Recht, Gott anzureden, hat David sich nicht nehmen lassen. Ebenso wenig wie Jesus. Keine Katastrophe, keine Macht der Welt und keine Verhaltensweise, die Gott uns gegenüber zeigt, kann uns das Recht zu beten nehmen. Es ist ein Menschenrecht, ein Schöpfungsrecht. Mächtiger als dieses Recht darf auch die Logik nicht sein: »Wenn Gott dir doch so den Rücken zuwendet, was redest du dann noch mit ihm? Er will ja anscheinend gar nicht mehr angesprochen werden!« Ja, das klingt vielleicht plausibel. Richtig ist es aber nicht. Richtig ist vielmehr, unbeirrbar und hartnäckig zu sein und weiter mit Gott zu reden!

Von Hiob lernen

Einer der Menschen, die am meisten Anlass gehabt hätten, das Gespräch mit Gott zu quittieren, war Hiob. *Sag dich von Gott los und stirb* (Hiob 2,9) – dieser Ratschlag für ihn war auf gewisse Weise konsequent. Bloß hat Hiob ihn nicht befolgt. Hiob hat Gott alles Mögliche an den Kopf geworfen und manche Grenze dabei überschritten – aber er hat es Gott gesagt. Viele seiner Reden im Hiobbuch sind wie Gespräche mit sich selbst oder es sind Debatten mit seinen Freunden. Aber immer wieder zwischendurch bricht die Anrede an Gott hervor. Hiob betet. Immer noch. Und genau das unterscheidet ihn von seinen Freunden! Sie haben alle Richtigkeiten auf ihrer Seite. Sie folgen der reinen Lehre, wie sie damals nur einsichtig sein konnte. Aber eins tun sie nicht: Sie beten nicht! Weder beten sie für Hiob noch klagen sie an seiner Seite zu Gott. Schlussendlich ist es Hiob, der sogar den Auftrag von Gott bekommt, für seine Freunde zu beten (Hiob 42,8-9)!

Von Hiob lernen heißt: beten gegen allen Augenschein. Wenn es sein muss, Gott anklagen und Gefahr laufen, ihm Verkehrtes entgegenzuschreien – aber dennoch unbeirrbar beten.

Erfahrungsschatz des Judentums

Das Buch Hiob und die Psalmen gehören zur Hebräischen Bibel. Sie ist ein Geschenk Gottes, aber zugleich auch das große Geschenk des Judentums an die Welt. Zu allen Zeiten haben Juden von den Psalmen und von Hiob das Beten gelernt. Solches Beten gehört zum großen jüdischen Schatz, von dem auch wir profitieren dürfen.

Gleichzeitig mussten gerade die Juden ihre Unbeirrbarkeit im Gebet mehr als alle anderen unter Beweis stellen, weil sie mehr als alle anderen Menschen in der Geschichte bedroht und gejagt wurden. Die Beispiele, wo Juden das Festhalten am Gebet gelungen ist, zeigen dieselbe Haltung, die Jesus am Kreuz hatte, als er zu seinem Gott rief, obwohl der ihn verlassen hatte.

In einem Kellerraum in Köln wurde während der Nazizeit ein namentlich unbekannter Jude versteckt. Man fand folgende Worte, die er an die Wand dieses Kellers geschrieben hatte:

»Ich glaube an die Sonne,
auch wenn sie nicht scheint.
Ich glaube an die Liebe,
auch wenn ich sie nicht fühle.
Ich glaube an Gott,
auch wenn Er schweigt.«[14]

Das ist ein Bekenntnis – vielleicht auch schon ein Gebet, wenngleich Gott nicht direkt angeredet wird. Aber die Haltung ist bezeichnend.

Gott zum Trotz beten

Folgender Bericht ist noch direkter auf das Beten bezogen. Er wird von Elie Wiesel erzählt, der selbst Häftling in den Konzentrationslagern Auschwitz und Buchenwald war:

»Eines Tages im Spanien des sechzehnten Jahrhunderts wurde eine jüdische Gemeinde entwurzelt und ins Exil verbannt. Sie flüchteten auf einem Schiff, das irgendwann irgendwo am Rande einer Wüste strandete. Unter den Flüchtlingen war eine vierköpfige Familie – ein Mann mit seiner Frau und ihren zwei Kindern. Hunger und Durst quälten sie, und so machten sie sich in der Hoffnung auf den Weg, eine Stadt zu finden, ein Dorf, einen gastfreundlichen Ort. Sie fanden niemanden. Sie hörten nicht auf, zu gehen und zu hoffen, als der Hunger unerträglich wurde.

Eines Abends waren sie zu erschöpft, um weiter voranzukommen. So entschlossen sie sich zu rasten. Sie waren vier, als sie einschliefen; nur drei erwachten. Sie begruben die Mutter, sagten das Kaddisch, das Totengebet, für sie und setzten ihren Marsch aus dem Nichts in das Nichts fort. Schließlich mussten sie wieder rasten. Drei legten sich nieder, und nur zwei erwachten, der Vater und eines der Kinder.

Sie begruben das andere Kind, sie sagten das Kaddisch. Das nächste Mal legten sich beide zur Rast, und nur der Vater wachte auf. Darauf nahm er sein totes Kind auf seinen Arm und sprach zu Gott:

›Herr des Universums, seine Mutter starb an Hunger, ich sagte das Kaddisch. Sein Bruder starb an Hunger, ich sagte das Kaddisch. Nun starb er selbst an Hunger, und ich weiß, was du von mir willst. Du willst mich prüfen, du willst mich an den Rand der Verzweiflung treiben, du willst, dass ich aufhöre, das Kaddisch zu sagen, aufhöre, an dich zu glauben, mich nach deiner Nähe zu sehnen. Nun, Herr des Universums, ich sage dir: Nein! Es wird dir nicht gelingen. Ich werde weiter an dich glauben, dir zum Trotz, und ich werde das Kaddisch sagen.‹«[15]

Gott zum Trotz beten – von dieser Gesinnung ist etwas in Jesus' Gebet am Kreuz enthalten: *Mein Gott, mein Gott, warum hast du mich verlassen?*

Meine Seufzer und Gottes Kraft

Das Letzte, was uns passieren darf, ist: sprachlos zu Gott hin zu werden. Selbst wenn nicht mehr als Seufzer möglich sind – die darf uns keiner nehmen. Und wenn ich nicht einmal mehr zu seufzen imstande bin, dann hilft Gott mir, indem der Heilige Geist in mir zu Gott seufzt (Römer 8,26). So zeigt Gott, dass er unbedingt mein Gebet möchte, unter allen Umständen.

Zugleich zeigt Gott: Unbeirrbar sein, hartnäckig sein im Gebet, das kann mich möglicherweise sehr viel Kraft kosten. Die Zumutung scheint übermenschlich. Dann aber fügt er die Kraft seines Geistes hinzu, damit ich an meinem Menschenrecht festhalten kann: beten.

Für heute:

 Nie hat irgendein Elend in Ihrem Leben die Bedeutung, dass Gott Ihr Gebet nicht wollte. Er will es jederzeit hören, auch heute, auch wenn es kein Tag des Elends für Sie ist.

»Ich habe Durst.«

Johannes 19,28

5. Woche

»Meine Zunge klebt mir am Gaumen«

Nur wenige Versprechen hat Jesus so oft wiederholt wie diese: *Wer
… von dem Wasser trinkt, das ich ihm geben werde, der wird
niemals mehr Durst haben. … Wer zu mir kommt, wird nie wieder hungern. Wer an mich glaubt, wird nie wieder Durst haben.
… Wenn jemand Durst hat, soll er zu mir kommen und trinken!*
(Johannes 4,14; 6,35; 7,37). Noch auf den letzten Seiten der Bibel
sagt Christus, der in Gottes Herrlichkeit lebt: *Jedem, der durstig
ist, werde ich aus der Quelle, die das Wasser des Lebens enthält,
umsonst zu trinken geben! … Wer durstig ist, der komme. Wer
will, soll kommen und umsonst vom Wasser des Lebens trinken!*
(Offenbarung 21,6; 22,17).

Und nun ist die Quelle des Lebens selbst körperlich ausgetrock-
net. Jesus leidet Durst. Die Einladungen, dass wir Menschen unseren Durst stillen, sind vom Johannesevangelium und der Offenbarung des Johannes überliefert. Und gerade das Johannesevangelium
ist es, das auch dieses fünfte Wort von Jesus am Kreuz enthält: *Ich
habe Durst.* »Das ist bei Johannes der äußerste Tiefpunkt, zu dem
Gottes eingeborener Sohn herabsteigt«, schreibt der Bibelausleger
Gustaf Dalman.[16]

Jesus verzichtet

In den Jahren zuvor hatte Jesus schon Ähnliches erlebt: Der Segen,
den er anderen gab oder geben wird, ist für ihn selbst nicht immer
da. Jesus, das Brot des Lebens, verzichtet darauf, in der Wüste für
sich selbst aus Steinen Brot zu machen. Jesus schenkte seinen zwölf
Jüngern und weiteren Menschen wie Lazarus seine Freundschaft.
Er selbst aber konnte sich vielen, die an ihn glaubten, nicht anvertrauen. Jesus hat für seine Nachfolger Wohnungen in der ewigen
Welt Gottes vorbereitet, aber er selbst hatte keinen Ort, wo er seinen Kopf zum Schlafen hinbetten kann.[17] Jesus ist der, der alles für

die Menschen tut, die Gott ihm gegeben hat, ohne dass er zugleich dafür sorgt, selbst auf seine Kosten zu kommen.

All dieser Verzicht war Jesus bereits vertraut. Aber nur wenige körperliche Bedürfnisse sind so elementar wie Durst. Der hat Jesus nun vollständig gepackt.

Vollständig preisgegeben

Als Jesus bewusst geworden war, dass ihn sein himmlischer Vater allein gelassen hatte, flüchtete er sich in die Worte des 22. Psalms. Auch in der Qual des Durstes wird ihm dieser Psalm gegenwärtig gewesen sein: *Meine Kraft ist vertrocknet wie gebrannter Ton, und meine Zunge klebt an meinem Gaumen; und in den Staub des Todes legst du mich* (Vers 16). Der 22. Psalm ist in seiner Beschreibung der Qual sehr ausführlich. Was ein Gekreuzigter nur erleiden kann, ist dort aufgeführt. Jede Art von Schmerzen konnte Jesus in dieser Stelle von Gottes Wort wiederentdecken, und nun auch den Durst. Die Gewissheit kam auf: Nichts davon bleibt mir in diesen Stunden erspart. Ich komme um nichts herum, es gibt keine Erleichterung. Das volle Programm wird an mir durchgeführt. Die trockene Zunge, die brennende Kehle bestätigen: Jesus ist der vollständig preisgegebene Mensch.

Von den anderen Schmerzen, die Jesus am Kreuz erlitt, berichten die Evangelien nicht ausdrücklich etwas. Das war auch nicht nötig. Damals im römischen Reich wusste jeder, was Gekreuzigte durchmachen. Die Kreuzigungsstrafe wurde damals so häufig verhängt, dass es fast zum Alltag gehörte, eine Straße entlangzugehen und an einem Hinrichtungskreuz vorbeizukommen. Die Schmerzen an den Handgelenken und Füßen waren groß für diejenigen Gekreuzigten, die ans Holz angenagelt waren (wie es bei Jesus der Fall war). Teilweise verwendeten die Römer gar keine Nägel, sondern nur Stricke zum Befestigen am Kreuz. Das lässt darauf schließen, dass ein anderer Schmerz schlimmer und tödlicher war. Wer in einer bestimmten Haltung am Kreuz fixiert war, bekam nur noch unter größten Qualen Luft und starb letztendlich, indem er erstickte.

Unter all diesen grausamen Empfindungen erwähnt der Evangelienbericht nur den Durst. Warum gerade das?

Vielleicht deshalb, weil dies zu den Qualen gehörte, die ein anderer noch lindern konnte. Sich am Kreuz einen Moment aufrichten, um Luft zu holen, dabei hat einem kein Soldat geholfen. Dieser Kampf war ja beabsichtigt. Aber zu trinken geben – das »störte« den Todeskampf nicht. Den Durst konnte man unbedenklich lindern.

In den Händen der Sünder

Jesus war also auf das Wohlwollen der Soldaten angewiesen. Und hier scheint mir die Besonderheit seiner Not zu liegen: Wenn er um einen Schluck zu trinken bat, musste er sich noch einmal besonders in die Hände der Menschen begeben.

Jesus war in der Zeit seines öffentlichen Wirkens schon immer auf andere angewiesen gewesen, die ihm halfen. So hatte er sein Leben angelegt. Er hatte keine eigene Unterkunft, sondern lebte von der Gastfreundschaft. Er hatte kein eigenes Geld, sondern wurde von wohlhabenden Freunden unterstützt. Aber es waren eben Freunde, die ihm halfen. Er war zu Gast bei Menschen, die ihm wohlgesonnen waren.

Jetzt aber, mit ausgedörrtem Mund, gab es nur noch seine Henker, die er um Erleichterung bitten konnte. Die Antwort hätte ein Peitschenhieb sein können, ein höhnisches Gelächter, man hätte ihn ganz ignorieren können, er hätte – weil die Soldaten einen derben Spaß machen wollten – ungenießbare und eklige Flüssigkeiten gereicht bekommen können. Oder ein Soldat gab ihm etwas von seiner eigenen Erfrischung ab. Jesus war ganz in ihrer Hand. Ein Spielball. Sein Durst zeigte noch einmal besonders, wie ausgeliefert er war.

Als Jesus seinen Jüngern vorher zum zweiten Mal sein Sterben angekündigt hatte, sprach er nicht nur vom Tod, sondern betonte auch, was vorher passieren würde: *Der Menschensohn, der von Gott Beauftragte, wird in die Hände der Menschen ausgeliefert werden* (Markus 9,31 db). Als das dann eintraf und er nach seinem Gebet in Gethsemane verhaftet wurde, war es wieder dieses Preisgegebensein, das Jesus bewusst vor Augen stand: *Die Zeit ist gekommen, in der der Menschensohn in die Hände der Gottesfeinde ausgeliefert wird. Steht auf! Lasst uns gehen!* (Markus 14,14 db).

In den folgenden Stunden bekam Jesus dann vielfältig zu spüren, dass er nun wirklich unentrinnbar in ihren Händen war. Zum Schluss aber erfuhr er es noch einmal auf elementare Weise: als seine Zunge am Gaumen klebte und er keinen hatte, an den er sich wenden konnte – außer an seine Henker.

Für heute:

 Dort, wo Sie abhängig von anderen und auf deren Wohlwollen angewiesen sind, ist Christus an Ihrer Seite.

Er betet nicht gegen die Gegner

Jesus wusste, dass nun alles vollbracht war, und um zu erfüllen, was in der Schrift vorausgesagt war, sagte er: »Ich habe Durst.« Sie tauchten einen Schwamm in ein Gefäß mit Weinessig und steckten ihn auf einen Ysopzweig, den sie an seine Lippen hielten (Johannes 19,28-29).

Wie kam es, dass Jesus ausgerechnet Essig zu trinken bekam? Wir sollten eine Weile über Essig nachdenken, denn das wird uns letztlich zeigen, was in Jesus' Herzen war.

Essig – angenehm und beißend

Essig war damals ein willkommenes erfrischendes Getränk – aber nicht pur, sondern nur, wenn er gemischt war. Das Getränk, das die Soldaten für sich selbst zur Hand hatten, wird mit Wasser verdünnter Essig gewesen sein. Auf solch einen Trunk verzichtete man nur in Ausnahmefällen – z.B. wenn man ein für Gott besonders geweihter Mensch war (4. Mose 6,3). Auf freiem Feld in der Mittagshitze aß man gern nicht einfach trockenes Brot, sondern ließ das Brot sich vorher mit Essig vollsaugen. So lautete denn auch die freundliche Einladung von Boas an Rut während der Erntezeit: *Komm herüber und iss etwas von unserem Brot mit. Du kannst es auch gern in den Essig eintauchen* (Rut 2,14).

Unverdünnter Essig dagegen war stark und ätzend. Er taugte als Medizin, z.B. gegen Zahnschmerzen, weil er – so sagt es der Talmud – »gut für das Böse ist, aber böse für das Gute«.[18] Wie »böse« er für »das Gute« ist, also wie unangenehm als normales Getränk, zeigen die Sprüche Salomos. *Eine Qual ist ein fauler Mensch für den, der ihn beschäftigt. Er ist wie Rauch für die Augen oder wie Essig für den Mund* (Sprüche 10,26). Purer Essig also beißt. Saure Trauben greifen die Zähne an und machen sie stumpf (Jeremia

31,29-30). Wenn man einen Durstigen wirklich ärgern wollte, dann gab man ihm Essig zu trinken (Psalm 69,22).

Was trank Jesus?

Was war nun das Getränk, das die Soldaten Jesus gaben, als er mit trockener Kehle und brüchigen Lippen über Durst klagte? War es das Erfrischungsgetränk, ein Schwamm voller Essigwasser aus ihrem Krug? Oder machten sie sich einen gehässigen Spaß und tauchten den Schwamm in den puren Essig, mit dem sie normalerweise das Wasser in ihren Bechern spritzten?

Der Evangelienbericht lässt an seiner Oberfläche beide Möglichkeiten offen. Zunächst scheint es möglich zu sein, dass da ein gutherziger Soldat war, der aus irgendeinem Grund dem Sterbenden dort oben eine Erfrischung nicht verweigern wollte – oder der den Angehörigen erlaubte, den Gekreuzigten zu versorgen. Aber ein Hinweis aus dem Bericht von Johannes lenkt die Szene dann doch in eine bestimmte Richtung: *Um zu erfüllen, was in der Schrift vorausgesagt war, sagte er:* »Ich habe Durst.« Jesus' Durst und wohl auch die Folge, nämlich dass man ihm zu trinken gab, stehen im Zusammenhang mit einem Wort aus der Heiligen Schrift. Der 22. Psalm spricht vom quälenden Durst des ausgetrockneten Körpers, nicht aber davon, dass der Beter trinkt. Diese Szene finden wir in einem anderen Psalm: im neunundsechzigsten.

Die Vorausschau des 69. Psalms

Ihre Beschimpfungen haben mir das Herz gebrochen, ich bin verzweifelt. Wenn doch nur ein Einziger Mitleid gezeigt hätte, wenn nur einer sich mir zugewandt und mich getröstet hätte. Stattdessen geben sie mir Gift zu essen, bieten mir Essig an, wenn ich durstig bin (Vers 21-22).

Der Bibelkenner Gustaf Dalman ist überzeugt: Der Evangelist Johannes konnte nur an *diese* Psalmstelle denken.[19] Dann aber – und deshalb sind wir diesen langen Anmarschweg gegangen – gibt uns der Bericht des Johannes hier nicht nur einen Blick auf die körperliche Qual von Jesus. Er zeigt uns zugleich, was in seinem Herzen ist – nämlich der 69. Psalm. Undenkbar, dass der Evangelist Johannes diesen Zusammenhang gesehen haben sollte, aber nicht Jesus am Kreuz; Jesus, der unvergleichlich tief in der Heiligen Schrift zu Hause war.

Jesus wurde, als er am Kreuz hing, also nicht nur zum 22. Psalm hingetrieben, sondern auch zum 69. In seinem Gebetswort, das wir später in der Karwoche betrachten werden, wird uns zusätzlich noch Psalm 31 begegnen. Der Psalter war Jesus' Gebetsankerplatz, als er litt und starb.

Über die Soldaten unter dem Kreuz ist damit gesagt: Es war dann wohl doch kein Mitleid, sondern Hohn, dass sie dem Hingerichteten beißenden Essig anboten, als er durstig war.

Vergeltungsgebet

Wenn Juden eine Schriftstelle zitieren, dann klingt für sie meist der ganze, größere Zusammenhang mit und ist unausgesprochen mit zitiert. Das haben wir schon letzte Woche bei Psalm 22 gesehen. Durch seinen Durst und durch den Essigtrank wurde Jesus also nicht nur auf einzelne Psalmverse gelenkt, sondern auf den Fortgang des 69. Psalms. Dort zieht der Beter nämlich seine Konsequenzen aus der Erniedrigung, die ihm angetan wird.

Sie ... bieten mir Essig an, wenn ich durstig bin. Ihr überreich gedeckter Tisch soll ihnen zur Falle werden und die, die sich sicher fühlen, ins Verderben stürzen. Ihre Augen sollen sich verfinstern, sodass sie nichts mehr sehen, und ihre Körper sollen von Tag zu Tag schwächer werden. Schütte deinen Zorn über sie aus und vernichte sie in deiner Wut. Mögen ihre Häuser leer werden und ihre Zelte veröden. Denn sie haben dem, den du gestraft hast, zum Schaden noch den Spott hinzugefügt, sie machen sich lustig über den Schmerz dessen, den du geschlagen hast (Vers 22b-27).

Sieben Worte für das Leben

Der Beter dieses Psalms ist jetzt nicht nur körperlich durstig, sondern dürstet nach Vergeltung. Das ist kein blinder »Rachedurst«, denn hier will der Beter sich nicht selbst rächen, sondern er übergibt – indem er betet – seine Sache ja Gott. Dennoch ist er auf Vergeltung aus.

Wenn Gottes Wort zur Versuchung wird

Wenn Jesus am Kreuz leidet, körperlich und seelisch geschwächt ist und ihm nun ein Gebet aus der Heiligen Schrift angeboten wird, zu dem er Zuflucht nehmen kann, dann läge es sehr nahe, dass er sich auch tatsächlich in diesen Worten birgt. Zumal sie seine Lage so treffend ausdrücken! Wenn Jesus das aber getan hätte, hätte er gegen seine Gegner gebetet. Er hätte das verfehlt, was er seinen Jüngern zu beten aufgegeben hat: *Liebt eure Feinde; tut wohl denen, die euch hassen; segnet, die euch fluchen; betet für die, die euch beleidigen!* (Lukas 6,27-28).

Gottes Wort war für Jesus so oft eine Hilfe und eine Heimat. Jetzt aber, als man ihm Essig für seinen Durst gab und ihn so in Psalm 69 hineinstieß, konnte Gottes Wort zur Versuchung für Jesus werden. Es versuchte ihn, gegen seine Gegner zu beten, und das Vertrackte daran war, dass er ja ganz biblisch gebetet hätte. Die Situation vom Beginn seines Dienstes wiederholte sich, als der Teufel ihn in der Wüste ganz biblisch versuchte und Jesus ganz biblisch der Versuchung hätte folgen können.

Auch das ist ein Teil von Jesus' Passion. Im Wort *Ich habe Durst* blitzt es auf: Jesus wurde nicht nur körperlich gequält (durch den Durst), nicht nur seelisch erniedrigt (durch den Spott mit dem Essig), sondern auch geistlich bedrängt (durch die Versuchung des Vergeltungsgebets). Jesus litt in allen Dimensionen des Menschseins.

Doch unter den Sieben letzten Worten am Kreuz findet sich kein Zitat aus Psalm 69! Jesus hat dieses Wort Gottes nicht zu seinem Gebet gemacht. Er hat sich in dieses Wort hineinfallen lassen und es erduldet: *Sie bieten mir Essig an, wenn ich durstig bin.* Doch dann hat er nichts weiter getan als eben dies: es erdulden. So hielt Jesus stand und blieb Gott treu.[20]

Für heute:

 Der größere Schaden ist nicht, was Ihnen jemand angetan hat, sondern das Gift der Vergeltung, wenn Sie ihm in Ihrer Seele Raum geben.

Lebensdurst

Wenn wir in unserer Familie einander tiefe Wertschätzung ausdrücken möchten, dann muss das für jeden von uns vieren anders
aussehen. Bei jedem ist es eine andere Saite, die besonders empfind-
sam zum Schwingen kommt. Seit vielen Jahren gibt es das Konzept
der »fünf Sprachen der Liebe«.[21] Demnach hat jeder Mensch seine
spezielle Liebessprache, für die er besonders empfänglich ist. Auf
unsere Familie passt dieses Konzept vollkommen.

Fünf Sprachen der Liebe

Bei meiner Frau ist es die »Sprache«: Ich helfe dir. Wenn ich das
tue, fühlt sie sich wertgeschätzt. Wenn ich das zu oft versäume,
kommt sie sich missachtet vor. Unsere Tochter sagt, »Ich habe Zeit
für dich« ist ihr Favorit unter den fünf Liebessprachen. Sie strahlt
aber auch, wenn sie ein Geschenk bekommt; wir Eltern hätten auf
»Ich schenk' dir was« als ihre Sprache getippt. Bei unserem Sohn
ist es »Ich bin ganz für dich da« – also die gemeinsam verbrachte
Zeit, wie bei unserer Tochter. »Komm, wir machen was zusammen«, sagt er häufig, und von solcher Zeit kann er selten genug
bekommen. Ich selbst reagiere auf die Sprache »Ich lobe dich« am
stärksten. Liebe hängt für mich stark mit Anerkennung zusammen. Für die fünfte Sprache – »Ich streichle dich« – sind wir alle
aufgeschlossen …

Hinter diesen fünf Sprachen der Liebe steht mehr als ein Konzept, einander besser zu verstehen. Ich sehe darin auch den grund-
sätzlichen Lebensdurst, den jeder Mensch hat, jeder auf seine Weise. Deshalb berührt es auch so tief, wenn jemand »meine Sprache«
der Liebe spricht.

Durst sitzt nicht nur in der Kehle, sondern auch in der Seele.
Lebensdurst.

Bevor Jesus am Kreuz Durst litt, ist er in den Jahren seines öffentlichen Wirkens sehr oft dem Lebensdurst der Menschen begegnet. Sie sehnten sich nach Gesundheit und nach einem Platz in der Gesellschaft. Auch nach Sinn, der tiefer verwurzelt ist als nur im Geld (wohl deshalb schlossen sich die wohlhabenden Zöllner Jesus gern an).

Zwei durstige Menschen am Brunnen

An einem Brunnen in Samarien traf einmal beides zusammen: Jesus' Durst in seiner Kehle und der Durst einer Frau in ihrer Seele. Johannes berichtet im 4 Kapitel davon. Jesus bittet diese Frau am Brunnen, ihm zu trinken zu geben. Sie kommen ins Gespräch. Jesus bietet ihr »Wasser des Lebens« an, das ihren ganzen Lebensdurst stillen kann. Dann kommt er auf ihre Beziehungen zu sprechen. Er kennt ihre Biografie mit allen Sprüngen und Brüchen. Er spricht von fünf Ehen, die sie bereits hinter sich hat, und von ihrer aktuellen sechsten Männerbeziehung, die aber keine Ehe ist. *Du hattest fünf Ehemänner, und mit dem Mann, mit dem du jetzt zusammenlebst, bist du nicht verheiratet* (Vers 18).

Wie viele Bibelausleger glaube auch ich, dass diese Lebensgeschichte ein Spiegel des Lebensdurstes dieser Frau ist. Nur muss man diesen Durst, finde ich, richtig verstehen und sollte nicht in abgedroschene Klischees fallen. Vielfach wird diese Frau als irgendwie Männer verschlingend und sexsüchtig gesehen. Dahinter soll ihre Haltlosigkeit stehen. Ihr Lebensdurst drückt sich demnach in häufig wechselnden Beziehungen aus, ohne dass sie in einer von ihnen Erfüllung finden kann.

Wie diese Frau wirklich war

Ich fürchte, solch ein Bild ist nicht so sehr von der damaligen gesellschaftlichen Wirklichkeit bestimmt (und auch nicht vom biblischen Bericht), sondern eher von unserer heutigen Phantasie oder

Sieben Worte für das Leben

Phantasielosigkeit. Für Frauen war es damals viel schwieriger, sich scheiden zu lassen, als für Männer. Wenn eine Frau mehrfach verheiratet war, dann ist es wahrscheinlicher, dass zuvor *ein Mann* sie hat fallen lassen, als dass sie den Mann verlassen hat. Aber es gab natürlich noch mehr Gründe, ein weiteres Mal zu heiraten. Der häufigste wird schlicht der sein, dass der Ehepartner zuvor verstorben ist. Eine Witwe war meist schutzlos und materiell schlecht abgesichert. Erneut zu heiraten, war dann im besten Fall auch eine Frage der Liebe, hauptsächlich aber eine Notwendigkeit, um versorgt zu sein.

Wenn wir realistisch sind und bedenken, »wie das Leben so spielt«, dann ist es am ehesten möglich, dass diese Frau am Brunnen in ihrem Leben nacheinander auf verschiedene Weise ihre Männer verloren hat. Sie könnte mehrfach verwitwet sein und darüber hinaus von anderen Ehemännern verstoßen. Vielleicht hat sie selbst auch einmal jemanden verlassen. Der Mann, mit dem sie jetzt zusammen lebt, ist allerdings nicht ihr Ehemann. Sie hat sich einen verheirateten Mann gesucht oder jemanden, der sie aus irgendeinem Grund nicht offiziell geheiratet hat.

Lebensdurst wie der von uns

Wenn dies das wahrscheinlichste Bild dieser Frau ist, dann allerdings sieht ihr Lebensdurst anders aus. Sie ist nicht einfach durstig nach Beziehungen, Liebe oder Sex. Jesus sieht ihre Geschichte auch nicht ausschließlich als eine »Täter-Geschichte« an, sondern sieht eine Geschichte von Verletzungen, Trauer, Zurücksetzung – und, ja, auch Sünde. Jesus hat ihr *»alles ins Gesicht gesagt, was ich jemals getan habe!«* (Vers 29). *Getan* – auch sie hat Falsches getan.

Der Lebensdurst dieser Frau ist dem Durst der Seele ähnlich, den die meisten von uns empfinden. Ihr Lebensdurst war ein Bedürfnis nach seelischer Heilung, nach Wertschätzung, nach Geborgenheit und Zugehörigkeit, nach materieller Sicherheit, nach einer planbaren Zukunft, nach Liebe. Vielleicht auch eine Sehnsucht nach Versöhnung mit Menschen, von denen sie im Zwist geschieden war, und nach Versöhnung mit ihrer Lebensgeschichte voller Brüche. Auf diese Frau kann man als Bibelleser nicht gut mit dem Finger zeigen. Sie ist wie wir.

Und sie horcht auf, als Jesus von einem Wasser spricht, das sie nie mehr durstig sein lässt. *Wer aber von dem Wasser trinkt, das ich ihm geben werde, der wird niemals mehr Durst haben. Das Wasser, das ich ihm gebe, wird in ihm zu einer nie versiegenden Quelle, die unaufhörlich bis ins ewige Leben fließt* (Vers 14).

Einen Vorgeschmack auf dieses Wasser, das den Lebensdurst stillen kann, hat sie bereits dort am Brunnen bekommen: Sie hat Wertschätzung erfahren. Nicht nur, indem ein jüdischer Mann sie ansprach und um Wasser bat, sondern auch indem dieser Mann, ein Prophet offenbar, sie ernst nahm und mit ihr auf Augenhöhe über Glaubensfragen sprach. Sie redeten ja über die heiligen Überlieferungen ihres Glaubens (den Vater Jakob, der diesen Brunnen hinterließ) und die Frage der wahren Anbetung (Vers 12.20-24) – durchaus hochkarätige theologische Themen. Jesus stößt diese Frau nicht als eine Unmündige zurück, die davon nichts verstehen würde. Die Frau kann so eine Ahnung bekommen, dass Jesus wirklich halten kann, was er verspricht: den Durst der Seele stillen.

Süßwasser finden

Der Bericht lässt offen, ob die Frau nur bis zu einer Hoffnung auf den Messias oder tatsächlich zu einem völligen Vertrauen auf ihn durchdringt. Die aufkeimende Ahnung – *Könnte das vielleicht der Christus sein?* (Vers 29) – müsste ihr aber eigentlich sagen: All das, was sie bisher getan hat, um ihren Lebensdurst zu stillen, war wie Salzwasser für eine trockene Kehle. Je mehr sie davon nimmt, desto lauter wird ihre Seele nach echtem Wasser schreien.

Der Lebensdurst dieser Frau ist dem Lebensdurst der meisten von uns ganz ähnlich. Auch heute gibt es »Salzwasser« in vielen

Variationen im Angebot. Lebendiges Frischwasser, Süßwasser, hat aber nur eine einzige Quelle. Jesus hat von ihr gesprochen. Er hat von sich gesprochen, damals, als er durstig in der Kehle zum Brunnen kam.

Für heute:

 Wonach dürsten Sie? In welcher »Sprache der Liebe« würden Sie heute gern von Jesus angesprochen werden?

Was Jesus satt macht

Hatte Jesus Lebensdurst? Wohl kaum. Er ist der Sohn Gottes, der Mitschöpfer der Welt, er ist mit dem Ursprung untrennbar verbunden. Ihn ihm ist die Fülle.

Als er auf der Erde lebte, hat er selbst darüber gesprochen, wie er seinen tiefsten Durst und seinen tiefsten Hunger stillt. Bezeichnenderweise tat er das im Anschluss an das Gespräch mit der Frau am Brunnen.

Wie Jesus sich ernährte

Ich lebe von einer Nahrung, von der ihr nichts wisst. … Meine Nahrung ist, dass ich den Willen Gottes tue, der mich gesandt hat, und sein Werk vollende (Johannes 4,32.34).

Wir haben letzte Woche (am Sonntag) bereits gesehen, wie tief er im Willen seines Vaters im Himmel verwurzelt war. *Ich tue nichts, ohne den Vater zu fragen* (Johannes 5,30). *Denn ich bin vom Himmel gekommen, nicht damit ich meinen Willen tue, sondern den Willen dessen, der mich gesandt hat* (Johannes 6,38).

Mich persönlich erstaunt diese Haltung von Jesus sehr. Ich bewundere sie. Wenn ich sagen soll, warum Jesus Christus für mich anbetungswürdig ist, dann ist für mich der stärkste Grund dies: seine Hingabe an den Vater und die vollkommene Einstimmung in seinen Willen – ohne dass er dabei Sorge hätte, etwas zu verlieren. Im Gegenteil: Er findet alles dort, im Willen des Vaters. Das Gebet *Dein Wille geschehe* ist für ihn Quelle des Glücks. Nicht immer ging ihm dieses Gebet leicht über die Lippen. Im Garten Gethsemane musste er es sich erkämpfen. Aber auch da hat er sein Ziel erreicht, im Einklang mit dem Willen seines Vaters zu sein.

Jesus ist so unvergleichlich – und meilenweit entfernt von mir. Ich bin oft hin- und hergerissen. In Gottes Willen einzustimmen, erscheint mir oft ein Wagnis zu sein, und ich bin mir nicht immer sicher, ob ich nicht doch dabei etwas verliere. Jesus hatte eine völlig andere Sicht. Für ihn war alles, was nicht zu Gottes Willen gehört, drittklassig und abgeschmackt.

Eine Übung im Alltag

Seit ich mich aber vor einiger Zeit einmal in die Schriftstellen vertieft habe, die Jesus so zeigen (sie stammen vor allem aus dem Johannesevangelium), wächst in mir die Ahnung, dass es auch für mich eine große Freiheit bedeuten könnte, wenn ich versuche, so wie Jesus nach Gottes Willen zu fragen. Ab und zu schießt mir in irgendeiner Situation der Gedanke durch den Kopf: Bin ich jetzt in Gottes Willen? Im Zentrum dessen, was er möchte? Das passiert mittlerweile manchmal, wenn ich auf dem Fahrrad zur Arbeit fahre, wenn ich zu Hause Versicherungsunterlagen sortiere (grässlich!) oder wenn ich beruflich mit Termindruck kämpfe und mir Sorgen mache. Die Frage, ob ich jetzt gerade im Zentrum von Gottes Willen bin, hat etwas von ihrer »Bedrohlichkeit« verloren. Und zwar einmal deshalb, weil ich an Jesus – wie er mir in den Evangelien begegnet – spüre, dass er innerlich frei, gelassen und gehalten war. Und zum anderem wird mir zunehmend bewusst, was denn Gottes Wille für mich alles enthält.

Es sind ja nicht nur Aufträge wie: Liebe deine Feinde, übe Verzicht und gib von deinem Geld ab, übernimm entsprechend deiner Begabung Verantwortung, sieh zu, dass du Frucht bringst. Sondern Gottes Wille besteht zu großen Teilen auch aus *Einladungen* zur Gemeinschaft mit ihm und mit seinem Sohn. Auch dies ist Gottes Wille:

Was ist Gottes Wille für mich?

• *Ich sage euch das, damit meine Freude euch erfüllt. Ja, eure Freude soll vollkommen sein!*

- *Kommt alle her zu mir, die ihr müde seid und schwere Lasten tragt, ich will euch Ruhe schenken.*
- *Der Vater sucht Menschen, die ihn so – im Geist und in der Wahrheit – anbeten.*
- *Ihr seid ja um einen hohen Preis freigekauft worden, deshalb werdet nicht Sklaven der Menschen!*
- *Was ihr auch tut, arbeitet von Herzen als dem Herrn und nicht den Menschen, da ihr wisst, dass ihr vom Herrn als Vergeltung das Erbe empfangen werdet; ihr dient dem Herrn Christus.*
- *Sorgt euch um nichts, sondern betet um alles. Sagt Gott, was ihr braucht, und dankt ihm.*
- *Bleibt in meiner Liebe.*[22]

Auch das ist Gottes Wille für mich! Und im Zentrum eines solchen Willens lebt es sich gut. Diesen Willen Gottes zu tun, das kann mich wirklich satt machen, wie mit Schwarzbrot! Es macht mich auch frei von den Ansprüchen anderer Menschen oder dringlicher Pflichten. Denn Gottes Wille ist nicht dasselbe wie das, was andere von mir erwarten. Ich erfülle meine Pflichten wohl – aber anders: nämlich für Jesus. Damit löst Jesus mich vom unmittelbaren Zugriff der anderen Ansprüche. Für mich ist es eine gute und heilsame Übung, mich im Alltag in Gottes Willen hineinzustellen.

Natürlich wird meine Bequemlichkeit dadurch meist nicht bedient. Ich muss oft Mut aufbringen, Gott zu gehorchen. Jesus sagt nicht nur: *Kommt alle her zu mir, die ihr müde seid und schwere Lasten tragt, ich will euch Ruhe schenken,* sondern dann weiter: *Nehmt mein Joch auf euch. Ich will euch lehren.* Aber auch hier verliere ich nichts, und was Jesus von mir will, baut mich auf: … *denn ich bin demütig und freundlich, und eure Seele wird bei mir zur Ruhe kommen. Denn mein Joch passt euch genau, und die Last, die ich euch auflege, ist leicht* (Matthäus 11,28-30).

So wie Jesus satt wurde an Gottes Willen, so möchte auch ich versuchen zu leben, zu fühlen und zu beten.

Gottes Wille und mein eigener Wille

Woher kommen der »Nährgehalt« von Gottes Willen und seine Löschkraft für den Lebensdurst? Warum macht es satt, im Zentrum von Gottes Willen zu sein?

Die Psychologin Hanne Baar spricht vom »feinen, freien Zusammenspiel von Wille und Gewissen«. Wenn das in Balance ist, dann will man, was Gott will. Der eigene Wille ist dabei sehr wichtig. »Der Gewissensimpuls bedarf der Zustimmung des freien Willens. Und ein Willensimpuls bedarf der Zustimmung des Gewissens.«

Es ist also noch nicht viel gewonnen, Gottes Willen aus Pflichtgefühl zu tun, ihn aber nicht aus eigenem Antrieb gutzuheißen. Dann ist Gottes Willen mir fremd und es wird mir nicht gut tun, hier einfach zu folgen, während ich selbst eigentlich etwas anderes will. »Wird eine der beiden Instanzen gewohnheitsmäßig übergangen, dann kommt es zu den bekannten, von Psychologen sorgsam untersuchten Störungen.« Stattdessen soll also mein eigener Wille in Freiheit dahin wachsen, Gott zuzustimmen. »Die Impulse unseres Gewissens zu missachten, ist bestimmt Sünde. Aber unsere Willenszustimmung zu den Forderungen des Gewissens zu übergehen, ist auch nicht recht. Zu glauben, dass Gott das von uns will, ist ein Irrtum, der Gottes Wesen verkennt.«[23]

Wem die Balance von Gewissen und eigenem Willen gelingt, der kommt zum Ziel: wollen, was Gott will.[24]

Eine Beschreibung von Jesus

Ich finde in diesen Gedanken eine ausgesprochen treffende Beschreibung von Jesus. Er sagt selbst über sich, »*dass ich nichts von mir selbst aus tue, sondern das sage, was der Vater mich gelehrt hat ... ich tue immer, was ihm gefällt*« (Johannes 8,28-29). Und das war sein Lebenselixier. Das war seine Nahrung. Das machte ihn satt und ließ keine Spur des Lebensdurstes aufkommen, den wir so gut kennen.

Wenn Jesus, der *Urheber des Lebens* (Apostelgeschichte 3,15), hier das Glück fand, dann möchte ich immer mehr einüben, mein Glück an derselben Stelle zu suchen. »Bin ich im Zentrum deines Willens, Gott?« Diese Frage löscht den Durst meiner Seele.

Für heute:

Machen Sie sich klar, dass Gottes Wille für Sie heute vor allem aus der Einladung zur Gemeinschaft mit ihm besteht. Alles andere folgt daraus. Beten Sie »Dein Wille geschehe!« und achten sie darauf, ob Sie selbst hier gern oder eher zögerlich zustimmen.

Hat Gott Durst?

Lisi Badichi ist Zeitungsreporterin in Beer Sheva, im Süden Israels, und die Heldin mehrerer Kriminalromane von Shulamit Lapid. Auf der Suche nach einer guten Story, die Lisi natürlich eher als die Konkurrenzblätter bringen will, klärt sie allerlei dunkle Machenschaften auf. Eine ihrer Fährten führt sie zwischenzeitlich in die Schweiz. Und hier gibt es eine Passage des Romans, die anschaulich macht, was uns Westeuropäern meist gar nicht bewusst ist: wie viel Wasser in unseren Breiten fließt – im Gegensatz zum trockenen Süden Israels.

»»Wenn es einen Garten Eden gibt‹, sagte Lisi zu Roni, ›dann ist es die Schweiz.‹ … In ihrer Heimatstadt grub man für jeden Strauch und Baum, den man in die Erde pflanzte, eine Bewässerungsmulde, karrte gute Erde von weit her, legte eine Verbindung zur Bewässerungsanlage, kümmerte sich um jede Pflanze, als wäre sie ein Neugeborenes im Inkubator, damit sie trotz Hitze, Sandstürmen und der fast das ganze Jahr über anhaltenden Dürre am Leben blieb. Und hier! Diese Überfülle an Grün, das sich selbst vermehrte, diese saftigen Blätter von Bäumen, Sträuchern und Blumen, die überhaupt keine Pflege brauchten, und dann das Wasser, das viele Wasser! Lisi, die in der Stadt am Rand der Wüste geboren war und ihr ganzes Leben dort verbracht hatte, war völlig erschlagen von dem Grün und dem Überfluss an Wasser um sie herum. Sie empfand ein nie gekanntes Glücksgefühl.«[25]

Trügerische Bachläufe

Im Heiligen Land ist Durst allgegenwärtig – zu biblischen Zeiten noch mehr als in heutigen. Jedes Gewässer ist wertvoll. Nicht jeder Bach oder Fluss allerdings führt zuverlässig und stetig Wasser. Ein Wadi ist ein Flussbett, das zeitweilig trocken fällt. Meist ist es von der Jahreszeit abhängig, ob Wasser fließt oder nicht. Aber ein Sturzbach kann – nach einem weit entfernten Regenguss – auch ganz plötzlich entstehen.

Ein alter bibelfrommer Ausdruck für diese Wadis heißt »Trugbach«. In der Bibel sind solche Wadis zum Sinnbild für Unzuverlässigkeit und Enttäuschung geworden (Jeremia 15,18). Beim Propheten Amos verwendet Gott selbst dieses Bildwort: *Ich will Recht fließen sehen wie Wasser und Gerechtigkeit wie einen Fluss, der niemals austrocknet* (Amos 5,24).

Gottes Durst: Gerechtigkeit

Hat Gott Durst? Wenn ja, dann ist es ein Verlangen nach Recht und Gerechtigkeit in seinem Volk. Hier möchte Gott keine Enttäuschung erleben, hier möchte er nicht auf dem Trockenen sitzen!

Der Durst Gottes – das ist natürlich ein gewagter und anfechtbarer Ausdruck. Gott hat keinen Durst, um eigene Bedürfnisse zu stillen. Sondern er möchte diejenigen versorgt sehen, die Unrecht leiden und *die nach der Gerechtigkeit hungern und dürsten* (Matthäus 5,6). Dass diese Menschen satt werden, das ist allerdings ein ureigenstes Bedürfnis von Gott. Das ist so, weil er eine so große Leidenschaft für seine Menschen hat. Ja, doch, Gott hat Durst. Und die Frage ist, ob er bei uns Gerechtigkeit findet wie einen erfrischenden Strom oder eher wie ein staubiges ausgetrocknetes Flussbett in der Wüste.

Die nach der Gerechtigkeit hungern und dürsten: Dieser Ausdruck stammt aus der Bergpredigt. Dort, in den Seligpreisungen, zählt Jesus noch mehr Haltungen auf, die sich mit Gottes Interessen decken. *Glückselig die Sanftmütigen, glückselig die Barmherzigen, glückselig die Friedensstifter* ... diese Auswahl aus den Seligpreisungen beschreibt Gottes Herz wohl am besten. Jesus ist *sanftmütig* (Matthäus 11,29). Gott ist der *Friedensstifter*, der *Gott des Friedens* (Römer 15,33; 16,20). Am stärksten scheint mir aber Gottes Erbarmen, seine *Barmherzigkeit*, im Vordergrund zu stehen. Er ist der *Vater der Barmherzigkeit* (2. Korinther 1,3). Was Jesus in der Bergpredigt selig preist, entspricht Gottes eigenem Charakter und seinen Anliegen.

Er kommt über sein Erbarmen nicht hinweg

Wenn ich einen Wesenszug von Gott nennen sollte, der nicht nur irgendeine Eigenschaft ist, sondern ein zutiefst innewohnendes Bedürfnis von ihm, eine Neigung, über die er nicht hinwegkommt, dann ist das seine Barmherzigkeit. Bewegende, tief anrührende Prophetenworte beschreiben das:

> *»Ist Israel nicht schon immer mein geliebter Sohn gewesen und ein Kind, an dem ich Freude habe?«, fragt der Herr. »Ich habe ihm so oft gedroht – muss aber doch immer voller Liebe an ihn denken. Ich sehne mich nach ihm und kann gar nicht anders: Ich muss Erbarmen mit ihm haben!«* (Jeremia 31,20).

Es ist nicht zu leugnen: Barmherzigkeit ist ein Grundbedürfnis Gottes, so wie für uns Essen und Trinken. Gott hat Durst darauf, Erbarmen zu zeigen und zu sehen.

Zugleich, so haben wir eben von Amos erfahren, will Gott Gerechtigkeit wie einen erfrischenden Wasserstrom. In unserer Vorstellung sind Gerechtigkeit und Barmherzigkeit manchmal Gegensätze. Wer gerecht ist, urteilt objektiv, hat feste Maßstäbe und lässt sich nicht erweichen. Ein barmherziger Mensch dagegen drückt schon mal ein Auge zu.

Für Gott liegen Gerechtigkeit und Barmherzigkeit ganz nahe beieinander. Weil so viele seiner Geschöpfe von anderen bedrängt, ausgenutzt und zur Seite gestoßen werden, möchte er ihnen Recht verschaffen – weil er sich über sie erbarmt. Gott ist gerecht aus Barmherzigkeit.

Er möchte Recht verschaffen? Ja, aber das kann man noch genauer sagen. Seine bevorzugte Weise, den Bedrängten Recht zu verschaffen, besteht darin, dass diejenigen, die an ihn glauben, für Gerechtigkeit eintreten und so ihre Barmherzigkeit erweisen. *Ich will Recht fließen sehen wie Wasser und Gerechtigkeit wie einen Fluss, der niemals austrocknet* – das ist ein Appell an Gottes Volk, endlich Gottes Willen ernst zu nehmen, anstatt oberflächliche Glaubenslieder abzusingen und hohle Gottesdienste zu feiern (hiervon spricht der Zusammenhang des Amos-Wortes: Amos 5,21-23).

Gott setzt auf bedürftige Menschen

Wenn also Gott Durst nach Gerechtigkeit und Barmherzigkeit hat, dann sind wir Glaubenden die, die diesen Durst stillen können. Gott allein wird zwar die Welt zur Vollendung führen und alles, was wir Menschen tun können, ist nur bruchstückhaft und vorläufig. Aber dennoch setzt Gott in seinen Bedürfnissen auf uns Menschen, die wir ihn kennen und ihm glauben.

Und das, obwohl jeder Mensch doch selbst seinen Lebensdurst hat. Weil unsere Seele immer wieder austrocknet (vielleicht haben wir Erfüllung bei falschen Quellen gesucht und für unseren Durst letztendlich nur Salzwasser getrunken) und weil wir oft selbst so bedürftigen Herzens sind, neigen wir dazu, im Zweifelsfall erst mal für uns selbst zu sorgen. Und oft auch *nur* für uns selbst.

Gott weiß doch, wie wir sind. Wie kann er da in seiner Suche nach Gerechtigkeit und Barmherzigkeit auf uns setzen? Wie kann er erwarten, dass *wir* Gerechtigkeit schaffen?

Gott tut es, weil er selbst unseren Lebensdurst stillt. *Trachtet aber zuerst nach dem Reich Gottes und nach seiner Gerechtigkeit! Und dies alles wird euch hinzugefügt werden* (Matthäus 6,33). Dieses Gebot und diese Verheißung von Jesus kann man sinngemäß auch so wiedergeben:

Verbindet euch mit Gottes Durst, und er wird euren Lebensdurst stillen.

Was dieses Versprechen angeht, so ist Gott alles andere als ein Wadi, das zur falschen Zeit trocken fällt; er ist das Gegenteil eines »trügerischen Bachs«. Seine Treue ist »wie Wasser und wie ein Fluss, der niemals austrocknet.«

Für heute:

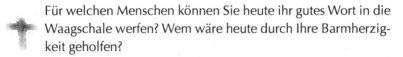

Für welchen Menschen können Sie heute ihr gutes Wort in die Waagschale werfen? Wem wäre heute durch Ihre Barmherzigkeit geholfen?

Jesus zu trinken geben

Lauter einzelne, unverwechselbare Lebensgeschichten: Die Schwiegermutter von Petrus. Eine samaritanische Frau. Ein anderer anonymer Gastgeber aus einem samaritanischen Dorf. Marta, die Schwester von Lazarus und Maria. Levi, der ehemalige Zöllner. Zachäus, ein weiterer Zöllner. Simon, ein Pharisäer. Jeder von ihnen ist seinen eigenen Weg gegangen, aber jeder wird irgendwann auf besondere Segensspuren in seinem Leben gestoßen sein.

Denn alle diese Menschen waren Gastgeber für Jesus und haben ihn mit Essen und Trinken versorgt.[26] Über seine Jünger hat Jesus gesagt: *Wer einem von diesen gering Geachteten auch nur einen Becher kaltes Wasser zu trinken gibt, einfach weil er mein Jünger ist, der wird – das versichere ich euch – nicht ohne Lohn bleiben* (Matthäus 10,42 ngü). Wenn Gott die segnet, die Jesus' Nachfolgern etwas zu trinken geben, dann segnet er die ja mindestens ebenso, die Jesus selbst ein Glas Wasser (oder Milch oder Wein) anbieten. Zu diesen gesegneten Menschen gehörten also die oben Genannten: Petrus' Schwiegermutter und die anderen. Auch der Soldat unter dem Kreuz hätte dazugehört, wenn er dem durstigen Gekreuzigten eine echte Erfrischung gereicht hätte statt eines Schwamms voll sauren Essigs.

Jesus zu trinken geben: Diese Möglichkeit besteht zu allen Zeiten und ist, seit Jesus in den Himmel aufgenommen wurde, nicht verschwunden. *Ich war durstig, und ihr gabt mir zu trinken,* wird der König einmal am Ende der Zeiten zu den Gesegneten seines Vaters sagen. *Was ihr für einen der Geringsten meiner Brüder und Schwestern getan habt, das habt ihr für mich getan!* (Matthäus 25,36.40).

Jesus' Geschwister in meiner Nähe ...

Jeder Tag, auch der heutige, enthält die Möglichkeit, etwas direkt für Jesus zu tun, ihm etwas zu schenken, und auf diese Weise mit ihm verbunden zu sein. Die Brüder und Schwestern von Jesus sind zum Teil ganz nah um uns: Wenn die eigenen Kinder noch im Haus leben, werde ich ja täglich vieles für sie tun. Noch mehr: Ich werde für sie da sein als Vater oder Mutter. Wenn mir das gelingt, ist all das zugleich auch eine Wohltat für Jesus. *Wer solch ein kleines Kind um meinetwillen aufnimmt, nimmt mich auf* (Markus 9,37). Warum sollten gerade die eigenen Kinder von dieser Perspektive ausgenommen sein? Nein, das tägliche Engagement in der Familie hat sehr viel mit Jesus zu tun.

Die Ehe ist ein besonders geeignetes Feld, Jesus zu begegnen, wenn ich mir bewusst mache, dass jede Unterstützung, jede Anerkennung des Partners, alles, was ihn erfreut, auch von Jesus empfangen wird. (Die fünf Sprachen der Liebe wurden ja am Dienstag kurz vorgestellt.)

Wenn ich den Arbeitskollegen in einem anspruchsvollen Projekt unterstütze, auch wenn das nicht zu meinen Pflichten gehört, ist das für ihn vielleicht erfrischend wie ein Getränk an einem heißen Tag – und auch für Jesus.

... und weiter entfernt

Die Brüder und Schwestern von Jesus sind aber nicht nur direkt um mich, sondern auch in beträchtlicher Entfernung. Sie laufen mir nicht täglich über den Weg, aber gehören dennoch zu meinem Leben: meine alten Eltern, denen ich einen Extra-Gruß zukommen lassen kann. Weggefährten aus früheren Wohnorten. Und auch die Armen dieser Welt gehören dazu, selbst wenn das wie ein Klischee klingt. Die Tatsache, dass ich von der Armut weltweit weiß, stellt mich in eine Verantwortung; nicht für alle und alles, aber ich kann für einige meine Beiträge leisten. Ob ich Geld spende, Kontakt zu einem Patenkind halte oder einen Brief an eine Regierung schreibe, die Menschen aus politischen oder aus Glaubensgründen gefangen hält (bei amnesty international wissen sie, wie man solche Briefe schreibt und dass solche Briefe nützen): Auch in der Ferne sind Brüder und Schwestern von Jesus. Und mich für sie einsetzen, ist ein Weg, Jesus zu trinken zu geben.

Gute Tat, falscher Beweggrund?

Wenn Christen hinter den Menschen ihres Alltags Jesus sehen, kommt das vielen Zeitgenossen verdächtig vor: »Ach, die sind doch nur mildtätig, um ihr Gewissen zu beruhigen«. Oder: »Denen geht es gar nicht um die Menschen, sondern darum, Punkte im Himmel zu sammeln.« Oder: »Die machen das nur scheinbar freiwillig, in Wahrheit stehen sie unter einem religiösen Zwang. Sie haben Angst, dass ihr Gott sie sonst bestraft.« Vielfach scheint eine Tat edler zu sein, wenn sie ohne jede Nebenabsicht direkt für einen anderen getan wird, als wenn man auch noch Gott oder Jesus dabei im Blick hat.

Natürlich besteht die Versuchung, aus falschen Gründen das Richtige zu tun. Die Menschen, die Jesus im Gleichnis vom Weltgericht (Matthäus 25,31-46) im Blick hat, haben ihre Tat ja auch ganz ohne Seitenblick auf Jesus getan. *Wann sahen wir dich durstig und haben dir zu trinken gegeben?* Sie wussten nicht, dass Jesus im Spiel war.

Wer aber heute Christus nachfolgt und versucht, bewusst seine Gegenwart in seinem Alltag aufzuspüren, der sieht eben doch oft Jesus. Er hat nicht nur die Menschen und Dinge an sich vor Augen. Es wäre seltsam für einen, der Jesus liebt, ihn bewusst auszublenden, um denen im Gleichnis ähnlich zu sein, die nicht wussten, was sie für Jesus taten. Es ist auch kein echtes Problem, im Nächsten zugleich Jesus zu sehen. Im Gegenteil, es liegen Chancen darin, dass ich mich für andere in dem Wissen einsetze, dass das auch Jesus trifft.

Wenn Jesus schon vor mir da ist

Normalerweise kostet es Kraft, sich für andere zu engagieren. Wer einen karitativen oder beratenden Beruf ausübt, weiß: Menschen machen müde. Wenn ich mir bewusst bin, dass ich eben doch nicht nur Menschen diene, sondern zugleich »Jesus zu trinken gebe«, erwächst daraus ein längerer Atem als ohne Jesus. Der amerikanische Pastor und Autor Eugene Peterson hat es sich zur Angewohnheit gemacht, vor Besuchen oder Sitzungen daran zu denken, dass Jesus ihm dorthin vorausgeht. Peterson knüpft dabei an das Wort des Engels über Jesus an: *Er ist von den Toten auferstanden! … Jesus geht euch nach Galiläa voraus. Dort werdet ihr ihn sehen, wie er es euch gesagt hat* (Markus 16,6-7). Daraus folgert er:

»[Ich] habe ... mir angewöhnt, ihn [diesen Text] vor jedem Treffen und jeder Versammlung zu zitieren: ›Er ist auferstanden, er geht vor dir her in die Emmorton Road 1020; dort wirst du ihn sehen, wie er gesagt hat.‹ Und später am selben Tag heißt es dann vielleicht auch noch: ›Er ist auferstanden ... und geht vor dir her ins St. Josephs-Hospital; dort wirst du ihn sehen, wie er gesagt hat.‹ Wenn ich ankomme und den Raum betrete, frage ich mich dann nicht so sehr, was ich tun oder sagen soll, was seelsorgerlich angebracht ist, denn ich bin aufmerksam und offen für das, was der auferstandene Herr bereits gesagt oder getan hat, um aus dem Leben eines Menschen eine Evangeliumsgeschichte zu machen.«[27]

Jesus bei den Menschen sehen – das lenkt den Blick nicht weg von den Menschen, sondern im Gegenteil: Es lässt einen aufmerksamer und präsenter sein. Peterson begegnet den Menschen so *von Christus her*. Wenn ich Einzelnen begegne, mich ihnen zuwende und so »Jesus etwas zu trinken gebe«, tue ich das *auf Christus hin*. Die Chance ist dieselbe: gleichzeitig bei ihnen und bei Jesus zu sein.

Gottesdienst im Alltag

Viele Christen empfinden einen seltsamen Zwiespalt in ihrem Leben zwischen Sonntag und Montag, zwischen Gottesdienst und Alltag. Dabei ist der Alltag ja der Ort, wo recht verstandener Gottesdienst stattfindet (Römer 12,1-3). »Jesus etwas zu trinken geben« – das ist Glaube am Montag, es ist Nachfolge ohne glaubensfreie Zonen.

Für heute:

Wem werden Sie heute oder morgen begegnen? Versuchen Sie, dort auch Jesus zu sehen.

Falsche Sattheit

Vor einigen Jahren lernte ich einen Mann kennen, den ich in vielerlei Hinsicht schätzte: Er war klug, großzügig, hatte ein Herz für die Gemeinde und hatte sich schon seit Langem für sie eingesetzt. Zweifellos war er bewährt. Ich beobachtete an mir selbst aber zunehmend, dass ich mich unwohl fühlte nach Begegnungen mit ihm. Irgendetwas war da, das ich zunächst nicht benennen konnte. Schließlich schoss es mir durch den Kopf: Dieser Mensch hat keine Fragen mehr! Er weiß auf alles einen Spruch, kann sich alles erklären und hat ein Urteil für alles und jeden.

Ob es nicht doch auch sein Gutes hat, noch *nicht* fertig zu sein? Noch Durst zu haben?

Jesus war am Kreuz in keiner Weise beneidenswert. Aber indem er Schmerzen und Durst spürte, war für ihn jedenfalls klar: Er benötigt unbedingt eine Quelle – er ist dringend auf sie angewiesen. In kleinerem Maßstab und unter anderem Vorzeichen leistet uns »Durst« denselben Dienst: Er hält uns wach dafür, dass es eine reich fließende Quelle gibt.

Fromme, die schon alles haben

Jesus hat sich oft mit Menschen auseinandergesetzt, die sich so gaben, als wären sie schon am Ziel. Die Pharisäer: Sie brauchten nicht wirklich noch etwas von Gott. Jesus verglich sie mit den Gesunden, die keinen Arzt nötig haben. Einmal erzählte er das Gleichnis vom Pharisäer und dem Steuereintreiber (Lukas 18,9-14). Der Pharisäer betete im Tempel: *Ich danke dir, Gott, dass ich kein Sünder bin wie die anderen Menschen, … besonders wie dieser Steuereintreiber da! Denn ich betrüge niemanden, ich begehe keinen Ehebruch, ich faste zwei Mal in der Woche und gebe dir regelmäßig den zehnten Teil von meinem Einkommen.* Dieser Mann hatte alles Mögliche, aber sicher keinen Durst nach Gott. Anders der Steuereintreiber. Er betete: *O Gott, sei mir gnädig, denn ich bin ein Sünder.* Das ist ein durstiges, begehrendes Gebet, voll Verlangen nach Gott.

Wenn jemand Christus findet und die Versöhnung mit Gott annimmt, dann ist er einerseits bei der Quelle des Lebens angekommen. Jesus beschenkt ihn mit *Strömen lebendigen Wassers* (Johannes 7,38). Aber wie bemerkenswert ist, dass Glaubende von da an nicht einfach satt und bedürfnislos leben. Vielmehr bricht ein tiefer Durst jetzt erst auf.

Der durstige Paulus

Das ist gut zu beobachten am ehemaligen Pharisäer Paulus. Als er noch voll auf die pharisäische Lebens- und Glaubensweise setzte, »hatte« er alles. *Ich könnte weit größeres Selbstvertrauen haben als alle anderen,* schreibt er. *Wenn andere Grund haben, auf ihre eigenen Anstrengungen zu vertrauen, gilt das für mich erst recht! Denn ich bin das Kind einer rein jüdischen Familie, die zum Stamm Benjamin gehört, und wurde mit acht Tagen beschnitten. Wenn es also je einen wahren Juden gab, so bin ich einer!* (Philipper 3,4-6). Und dann zählt er eine beeindruckende Reihe von Aktivposten auf. Paulus war keineswegs passiv zu dieser Zeit, im Gegenteil, er hat viel unternommen. Aber nichts davon tat er aus einer Art von Durst heraus.

Der große Umbruch kam, als er Christ wurde. Seine Vorzüge zählten nicht mehr. Einerseits bekam er eine große Gewissheit geschenkt: Jetzt weiß er, dass er (durch den Glauben) gerecht gesprochen wird. Er ist *von Christus Jesus ergriffen* (Vers 12). Andererseits hat er aber jetzt einen unbändigen »Durst«, ein Verlangen, das Ziel zu erreichen. *Ich will nicht behaupten, ich hätte dies alles schon erreicht oder wäre schon vollkommen! Aber ich arbeite auf den Tag hin, an dem ich endlich alles sein werde, wozu Christus Jesus mich errettet und wofür er mich bestimmt hat. Nein, liebe Freun-*

de, ich bin noch nicht alles, was ich sein sollte, aber ich setze meine ganze Kraft für dieses Ziel ein. Indem ich die Vergangenheit vergesse und auf das schaue, was vor mir liegt, versuche ich, das Rennen bis zum Ende durchzuhalten und den Preis zu gewinnen, für den Gott uns durch Christus Jesus bestimmt hat (Vers 12-14).

Als ich Student war und eine Ahnung davon bekam, wie weit das Feld von Gottes Möglichkeiten ist, waren diese Sätze aus Philipper 3 mein Lebensgefühl und meine Hoffnung: Ich muss weiter, ich darf nicht stehen bleiben – aber ich komme voran. Das war eine der geistlich intensivsten Zeiten meines Lebens.

Davids dürre Seele

Vergleichen wir Paulus' Erfahrung einmal mit der von David, wie er sie in Psalm 63 schildert. Dieser Psalm ist zum Ende hin ein Ausdruck der Geborgenheit. David ist auf der Flucht und hat Gegner. Er selbst aber ist voller Freude in Gott und weiß: Gott versorgt ihn (Vers 1.6.10-11). Dennoch hat er einen unbändigen Durst: *Gott, du bist mein Gott; dich suche ich von ganzem Herzen. Meine Seele dürstet nach dir, mein ganzer Leib sehnt sich nach dir in diesem dürren, trockenen Land, in dem es kein Wasser gibt* (Vers 2). Wie paradox – und so doch genau treffend: Er hat Gott gefunden und dürstet dennoch aus trockener Seele nach ihm. Die vordergründigen Probleme – dass er verfolgt wird – bewegen ihn längst nicht so wie sein Durst nach Gott.

An Paulus und an David sehen wir: Wer Gott findet, lehnt sich nicht gesättigt zurück. Dann fängt der Durst erst richtig an. Die ausgedörrte, verlangende Seele ist eine der besten Voraussetzungen, Gott zu begegnen.

Abgesättigt?

Sattheit dagegen macht die Seele behäbig. Allzu gesättigt kann ich zunächst im Blick auf mein Leben allgemein sein: Ich habe mich eingerichtet und abgesichert, das Einkommen steht, die Wohnsituation ist zufriedenstellend. Am besten wäre es, diesen Zustand zu bewahren. Etwas Neues, das hinzukäme, würde bloß stören.

Auch speziell im Leben mit Gott gibt es solche lähmende Sättigung. Ich habe im Glauben ungefähr erfasst, wie der Hase läuft. Die großen Fragen – *Warum lässt Gott Böses zu? Wie erkenne ich Gottes Willen? Ist Gott ein liebender Vater oder auch ein zorniger Gott?* – habe ich so weit durchdacht, dass ich mit meinen Antworten leben kann. Wo ich mich für Gott engagiere und wo nicht, liegt fest. Vielleicht bin ich kurz davor, alle Fragen des Glaubens und des Lebens in die passenden Schubladen zu sortieren. Glauben ist dann letztlich ein System geworden. Hoffentlich stört das keiner …

Der frühere Pharisäer Paulus hatte sich in der Gemeinde Korinth mit solchen Christen herumzuschlagen, die an ihren Zielen schon angekommen waren und nun Ruhe und Ordnung bewahren wollten. Sie befanden sich selbst in sicherer Position und beurteilten von da aus andere. In fast bitterem Ton sagt Paulus ihnen: *Ihr seid schon satt geworden, ihr seid schon reich geworden, ohne uns habt ihr die Herrschaft angetreten!* (1. Korinther 4,8 zb). Solch eine Sattheit meinte Jesus nicht, als er vom lebendigen Wasser sprach, das niemals mehr Durst aufkommen lässt! In Psalm 63 haben wir gesehen: Durst nach Gott ist das Kennzeichen eines Lebens in Gottes Nähe.

Was auf dem Spiel steht

Was verpasse ich, wenn ich allzu satt bin? Ich verpasse den frischen, täglich neuen Geschmack des Glaubens. Ich lebe aus der Konserve, und das ist auf Dauer abgeschmackt und ungesund. Weil ich nicht mehr von mir sagen kann, dass ich *die Kräfte der kommenden Welt geschmeckt habe* (Hebräer 6,5 zb), ist meine Auffassung von Gott eingegrenzt. Was noch alles zur Fülle seines Lebens gehört, verpasse ich. Es steht viel auf dem Spiel!

Morgen ist Sonntag. Wie wäre es, mich auf den Gottesdienst vorzubereiten, indem ich Gott bitte: »Zeig mir etwas Neues von dir! Lege wieder Durst in meine Seele!«?

Für heute:

 Haben Sie noch Ziele im Leben mit Gott?

»Es ist vollbracht!«

Johannes 19,30

6. Woche

Jesus' Werk und Gottes Beitrag

Erfolge wollen gefeiert werden. Wem etwas Großes gelungen ist, der belohnt sich gern oder jubelt zumindest darüber, dass er sein Ziel erreicht hat. Die überschäumende Champagnerflasche nach dem Formel-1-Sieg ist ein Symbol dafür.

Natürlich gibt es auch Zielgeraden, die man mit letzter Kraft erreicht: Eine anstrengende Lern- und Prüfungszeit ist geschafft. Eine Operation ist überstanden. Anstatt Wunderkerzen anzuzünden, sinkt man lieber mit letzter Kraft in den Sessel. Aber auch da ist es ein Sieg: Ich habe durchgehalten. Ich habe nicht aufgegeben.

Jesus wusste, dass nun alles vollbracht war, und um zu erfüllen, was in der Schrift vorausgesagt war, sagte er: »Ich habe Durst.« Sie tauchten einen Schwamm in ein Gefäß mit Weinessig und steckten ihn auf einen Ysopzweig, den sie an seine Lippen hielten. Als Jesus davon genommen hatte, sagte er: »Es ist vollbracht!« Dann neigte er den Kopf und starb (Johannes 19,28-30).

Es ist vollbracht! War das ein erleichterter Siegesruf? Nicht einer der Sorte »Champagnerflasche«, sondern von der Art »Durchgehalten und geschafft!«?

Ein Triumph zum Schluss?

Es ist vollbracht – dies als letztes Wort eines Sterbenden klingt in gewisser Weise souverän. Als ob Jesus alle Fäden bis zum Schluss in der Hand gehalten hätte. Nun kann er sein Werk aus der Hand geben. Viele Ausleger sehen in Jesus' Wort *Es ist vollbracht* eine große Hoheit, so wie sie dem erhabenen Christusverständnis des Johannesevangeliums entspricht. Dieses Evangelium berichtet ja bezeichnenderweise nicht Jesus' Schrei der Gottverlassenheit, sondern betont, wie gelassen Jesus stirbt.

Andererseits aber ist der Ruf *Es ist vollbracht* wenig geeignet als triumphales Schlusswort. Kann es ein Siegesruf sein, wenn der Sieger hier ja gar nicht vorkommt? Jesus sagt gerade nicht: *Ich habe es geschafft.* Auch nicht: *Vater, ich danke dir, dass du mir den Sieg geschenkt hast.* Sondern Jesus spricht fast unpersönlich: Ein Werk wurde vollendet. Der Schlussstein ist gesetzt. Wer aber hat ihn gesetzt?

Gott vollbringt

Wir haben schon gesehen, dass Jesus sich, als er am Kreuz hing, in einigen Bibelworten verankerte. Darunter war der 22. Psalm. In der ersten Hälfte konnte sich Jesus in jedem Moment vollständig wiederfinden. Die zweite Hälfte, die Gottes Eingreifen und die Rettung durch ihn rühmt, war Jesus in den Todesstunden nicht in gleicher Weise zugänglich. Dennoch war diese zweite Hälfte da; Jesus wird sie nicht vergessen haben. Wenn aber aufgrund dieses Psalms überhaupt noch eine Hilfe zu erwarten war, ein Umschwung, eine Rettung – dann war es die, die in den letzten Worten des Psalms steht: *Er hat es getan* (Vers 32). Einige Übersetzungen geben es sogar so wieder: *Er hat es vollbracht.*[28]

Das ist im 22. Psalm zweifellos Gott. Er hat es vollbracht. Und am Kreuz? Natürlich war Jesus es, der durchgehalten hat, der seinem Auftrag und seinem Vater treu geblieben ist. Zuvor hat Jesus gebetet: *Ich habe dich hier auf Erden verherrlicht, indem ich alles tat, was du mir aufgetragen hast* (Johannes 17,4). Hier ist das »ich« von Jesus deutlich hörbar. Aber wenn Jesus am Kreuz anders spricht und sich selbst ganz außen vor lässt, ist das ein Hinweis auf Gott, der in seinem Sohn wirkt. *Gott war in Christus*, sagt Paulus über das Versöhnungsgeschehen (2. Korinther 5,19). *Er hat es vollbracht.*

Die eigenen Taten in Gott vollbringen

Das ist das Geheimnis der Person von Jesus: Sein eigenes Tun und Gottes Handeln kann man gar nicht voneinander trennen. Es liegt ineinander. Jesus tut, was Gott in ihm wirkt. Gott bestätigt, was Jesus tut. In der Nacht, als Jesus mit dem Pharisäer Nikodemus sprach, hat er gesagt: *Wer ... die Wahrheit tut, kommt zum Licht, damit offenbar wird, dass seine Taten in Gott vollbracht sind* (Johannes 3,21 eü). Seine Taten sind in Gott vollbracht – Jesus selbst ist derjenige, der diesen Satz am allerbesten erfüllt.

So zu leben, ist aber nicht Jesus vorbehalten, etwa weil er der einzigartige Sohn Gottes ist. Sondern Jesus ist zugleich *Urheber des Lebens* (Apostelgeschichte 3,15) und zeigt uns allen, wie man leben kann. Auch jede meiner Taten kann und soll *in Gott vollbracht* sein. Wenn ich Geschäftskorrespondenz erledige, wenn ich mit Kunden spreche, wenn ich mit meinen Kindern spiele oder Blödsinn mache, wenn ich anderen im Hauskreis aufmerksam zuhöre – all das sind nicht nur meine Handlungen, sondern Gott will darin etwas vollbringen.

Frucht bringen und beten

Wie soll ich mir das vorstellen? Mir hilft, was Jesus darüber gesagt hat, wie man Frucht bringt. Frucht ist ein anschauliches Bildwort für den Ertrag meiner Handlungen – dass etwas dabei herauskommt. Und zwar etwas, das auch noch in Gottes Augen Bestand hat. Jesus hat mich – als seinen Jünger – beauftragt, Frucht zu bringen. Im gleichen Atemzug schickt er aber das Versprechen voraus oder schließt es an, dass Gott erhört, was ich bete. Diese Verbindung ist zweimal so auffällig eng, dass ich den Eindruck gewinne: Ich bringe Frucht, indem ich sie von Gott erbitte. *Wenn ihr mit mir verbunden bleibt und meine Worte in euch bleiben, könnt ihr bitten, um was ihr wollt, und es wird euch gewährt werden! Darin wird mein Vater verherrlicht, dass ihr viel Frucht hervorbringt und meine Jünger werdet. ... Ich habe euch dazu berufen, hinzugehen und Frucht zu tragen, die Bestand hat, damit der Vater euch gibt, was immer ihr ihn in meinem Namen bittet,* sagt Jesus (Johannes 15,16). Das klingt doch so, als würde ich dadurch Frucht bringen, dass Gott mein Gebet um Frucht erhört.

Wer wirkt nun? Ich oder Gott, der auf mein Beten reagiert? Es ist sinnlos, das zu trennen. Es ist beglückend, in meinem alltäglichen Tun betend und empfangend mit Gott verbunden zu sein, der mir die Frucht schenkt, zu der sein Sohn mich berufen hat. Auf diese Weise ist alles, was ich tue, in Gott vollbracht.

Einsteigen in das, was Gott bereitlegt

Paulus hat seine eigene Sprache, um dies auszudrücken: *Seine [Gottes] Geschöpfe sind wir, in Christus Jesus dazu geschaffen, in unserem Leben die guten Werke zu tun, die Gott für uns im Voraus bereitet hat* (Epheser 2,10 eü).

Ich führe das aus, was mein Vater für mich vorbereitet hat. Voraussetzung dazu ist, dass ich täglich diese Werke Gottes entdecke, um in das Bereitliegende auch einsteigen zu können. Heilige Geistesgegenwart ist dafür nützlich.

Als Jesus in den letzten Minuten seines Lebens ausrief: *Es ist vollbracht*, da lebte er genauso wie schon zeitlebens vorher: Er führte aus, was Gott für ihn vorbereitet hatte. Was für ein erstrebenswertes Leben und was für ein erstrebenswerter Tod, in dem jemand seinem Vater und seinem Auftrag so sehr treu geblieben ist!

Für heute:

Werden Sie heute entdecken, welche Werke Gott für Sie vorbereitet hat? – Erbitten Sie von Gott die »Frucht«, die aus diesem Tag herauskommen soll.

Was muss ich bringen?

Einmal jährlich ist für uns Angestellte im Verlag das Mitarbeiter-gespräch vorgesehen. Anhand eines Fragebogens wertet der Chef mit jedem Einzelnen aus: Welche Ziele waren festgelegt? Was davon wurde erreicht? Was nicht und warum nicht? Wie schätze ich mich selbst ein? Wie schätzt mein Chef mich ein? Wie bewerte ich die Führung der Vorgesetzten?

Solch eine Auswertung ist eine hilfreiche Sache. Ich erfahre, wo man zufrieden mit mir ist – das muss also keine Sache meines eigenen Gefühls bleiben. Und ich erfahre, wo ich mich noch verbessern kann.

Die Leistung zählt

Aber richtig entspannt gehe ich natürlich nicht in das Jahresgespräch. Herzklopfen ist immer dabei. Unterm Strich – bei aller persönlichen Wertschätzung – ist es doch meine Leistung, die zählt. Und die ist messbar: an der Zahl der abgeschlossenen Buchprojekte, im Einhalten von Zeitplänen, an Verkaufszahlen.

Ich muss etwas bringen. Ich muss dafür sorgen, dass ich meine Ziele erreiche. Und wenn stressige Arbeitsphasen sind, bewerte ich selbst viele Dinge in meinem Leben danach, ob sie mir etwas bringen: Hilft mir das, voranzukommen? Um Leistung bringen zu können, lasse ich dann alles fallen, was mir nichts bringt. Aus Gefälligkeit einen Artikel für den Kollegen schreiben, das kann ich mir dann nicht gut leisten. Später vielleicht wieder …

Gottes Ansprüche

Ich erinnere mich an meine Zeit als Student. Weil ich die alten Sprachen, die für die Theologie nötig sind – Latein, Griechisch, Hebräisch – schon auf dem Gymnasium lernen konnte, fielen mir die ersten Jahre recht leicht. Leistungsanforderungen haben mich nicht bedrückt. Aber im Glauben war es eine Zeit, in der ich starke Ansprüche Gottes empfunden hatte. Ich lebte im Gefühl, erst eine Distanz zu ihm hin überbrücken zu müssen. Sonst – so schien es mir – war ich ungenügend. Heilsam aufgebrochen wurde dieses Gefühl erst, als mich ein Mitstudent fragte: »Hast du Gott schon mal gesagt, dass du Angst vor ihm hast?« In dieser Zeit legte auch ein anderer Student (der von meiner inneren Lage gar nichts wusste) einen Zettel mit einem Bibelwort vor meine Zimmertür: *Denn der HERR, dein Gott, ist bei dir, ein starker Heiland. Er wird sich über dich freuen und dir freundlich sein, er wird dir vergeben in seiner Liebe und wird über dich mit Jauchzen fröhlich sein* (Zefanja 3,17 lut).

Hier zeigte Gott sich so, wie er von mir gesehen werden will: nicht als jemand, für den ich etwas bringen muss, sondern als einer, der mir zugeneigt ist. Dadurch kam in der Tiefe meines Herzens etwas Gutes in Bewegung. Es wirkt bis heute nach.

Dennoch werde ich fast täglich mit dem Maßstab der Leistung konfrontiert – kaum von Gott, meist eher durch den Beruf. Aber auch im Glauben ist das Thema »Leistung« nicht abgehakt. Ich weiß, Gott bemisst mich nicht nach meiner Leistung. Aber ich leiste mir immer wieder Fehlleistungen. Ich verfehle seinen Willen – ich sündige. Und da liegt die Vorstellung schon nahe, Gott sieht sich das mit einem Stirnrunzeln an, wie es mein Vorgesetzter täte, wenn ich im Jahresgespräch nur Patzer vorzuweisen hätte. Wenn bei Gott auch meine Leistung nicht ins Gewicht fällt – zählt die Fehlleistung, die Sünde, nicht doch?

Erledigt

In unserem Verlag herrscht eine sehr gute Kultur, konstruktiv mit Fehlern umzugehen. Sie werden benannt, und dann schaut mein Chef nach vorn, um sicherzustellen, dass es ab jetzt besser läuft. Und auch er selbst hat die Größe, Fehler zuzugeben, wenn ihm welche unterlaufen. Ich als Person bin nicht erledigt, wenn ich eine Aufgabe verstolpere.

Gottes Maßstäbe sind da höher: Er ist heilig und war noch nicht in der Verlegenheit, eigene Fehler einräumen zu müssen. Wenn Gott mich nur nach meinen Verfehlungen bewerten würde – meinem Misstrauen, meinem Eigensinn, meiner falschen Angst –, dann wäre ich allerdings erledigt. Denn diese Verfehlungen wurzeln nicht in meinem Tun, sondern in meinem Sein. Sie sind mir nicht passiert, sondern haben ihren Grund tief in mir. Außerdem: Vertane Zeit, die Gott zusteht, die ich ihm aber vorenthalten habe, kann ich nicht wieder zurückbringen (so habe ich es in der zweiten Woche am Samstag gesagt). Wenn Gott das von mir fordert – ja, dann bin ich erledigt.

Es ist vollbracht, hat Jesus als eins seiner letzten Worte gesagt. In diesem Wort (in den Ursprachen ist es tatsächlich nur eins) liegt eine unbegrenzte Reichweite. Vollbracht hat Jesus nicht nur seinen eigenen Auftrag, sein eigenes Lebenswerk. Vollbracht, zum Ziel gebracht hat er alles, was Gott erwartet. Alles, was Gott zu Recht von mir fordern kann, ist jetzt erledigt. Nicht ich bin erledigt, sondern Gottes Erwartungen sind es! Jesus hat sie erfüllt. Was auch immer ich im Leben vor Gott bringen müsste – in Jesus ist es vollbracht. Ich muss es nicht mehr bringen.

Was Christus mit sich bringt

In der Überlieferung der Christenheit gibt es (seit dem Pietismus des 18. Jahrhunderts) den Ausdruck: »die allgenugsame Gnade«. Allgenugsam meint: Was Christus am Kreuz bewirkt hat, reicht voll und ganz aus, für jeden. Darin ist alles enthalten, was man zum Leben und zum Sterben braucht. Wenn Jesus sagte: *Es ist vollbracht*, dann meint er damit genau dies: die »allgenugsame« Gnade, sein »allgenugsames« Werk.

Wie so oft hat Paulus seine eigene Ausdrucksweise, um diese Wahrheit in Worte zu fassen. Er spricht von *Christus Jesus, den Gott für uns zur Weisheit gemacht hat, zur Gerechtigkeit, Heiligung und Erlösung* (1. Korinther 1,30 eü). Jesus bringt all das mit sich, was so notwendig für mich ist: dass ich vor Gott *gerecht* gesprochen bin und dass ich hier und heute *erlöst* bin und deshalb gelöst und gelassen leben kann. Jesus bringt das mit sich, weil Gott ihn dazu gemacht hat. Gott war also der Erste, der die Initiative ergriff. *Es ist vollbracht* – gestern haben wir schon gesehen, dass das auch von Gott gesagt ist. Er, Gott, hat vollbracht, was mich erlöst und heiligt – d.h. passend für ihn macht. Er hat mir Christus gebracht.

Und wenn Christus auch noch für mich zur *Weisheit* wurde, kann ich von ihm erhoffen und erbitten, dass er mir täglich Weisheit gibt, auch im Beruf, auch wenn ich Leistung bringen muss, die meine Vorgesetzten zu Recht erwarten.

Jesus hat alles vollbracht. Für Gott muss ich nichts mehr bringen. Aber weil ich nun erlöst und deshalb gelöst und gelassen bin, deshalb kann ich an vielen Tagen das bringen, was die Welt von mir braucht. Darauf hoffe ich.

Für heute:

 Stecken Sie sich eine Notiz in die Tasche oder den Kalender, die Sie daran erinnert: Von Gott aus sind alle Ansprüche an Sie erfüllt, und wenn es noch einen Fehlerzähler geben sollte, steht er auf Null.

Das war schon alles?

Stellen Sie sich einmal ein weitläufiges Tal vor. Sie stehen am Rande auf einer Anhöhe und sehen hinab. Karge Steppe breitet sich vor Ihnen aus. Das Grün ist nur ganz niedrig, die Tiere können kaum weiden. Die Menschen, die dort leben, sehnen sich nach Wasser. Damit könnte das Tal so fruchtbar sein.

In der Mitte des Tals arbeitet ein Mann mit schwerem Gerät. Er bohrt einen Brunnen. Die Leute stehen um ihn herum. Er sagt: »Gleich bin ich durchgestoßen, dann ist es geschafft. In Kürze bin ich hier weg.« Die Leute sind bestürzt. Er will gehen? Nachdem er bloß ein Loch gebohrt hat? Wie sollen sie denn das Wasser aus der Tiefe emporfördern? Wer baut eine Pumpe? Mit welcher Energie soll sie betrieben werden – Dieselmotor, Windkraft, Zugtieren? Er kann doch die Arbeit nicht unvollendet aufhören!

Der artesische Brunnen

Doch nachdem der Brunnen die Wasserader erreicht hat, geht der Arbeiter tatsächlich. Ganz sorglos, als ob sich der Rest schon finden würde. Und wirklich: Das Wasser beginnt zu strömen, sucht sich seinen Weg, es braucht nur noch Kanäle, und das Tal wird grün werden.

Der Arbeiter wusste: Er bohrt einen artesischen Brunnen. Das bedeutet: Die Talsenke liegt unterhalb des Grundwasserspiegels. Die umliegenden Hänge führen Wasser, das Gestein lässt es aber nicht durch. Wenn er nun am tiefsten Punkt bohrt, wird das höher gelegene Grundwasser ringsum von allein durch das Bohrloch nach oben gedrückt. Es hat in der Tat gereicht, einen Brunnen zu bohren. Das war alles.

Was Jesus nicht leistete

Es ist vollbracht, mit dem Tod von Jesus. Jetzt schon? Nach nur drei Jahren? Das soll schon alles gewesen sein? Sein Lebenswerk soll bereits vollkommen sein?

Wie vieles hat Jesus in diesen drei Jahren nicht gemacht! Viele Kranke im Land hat er geheilt, viele aber auch nicht. Die maßgeblichen Oberpriester hat er nicht davon überzeugen können, dass Gottes Reich in ihm angebrochen ist. Auch die Menschen in seinem Heimatort Nazaret hat er nicht gewonnen. Die Gegend von Samarien hat er nur kurz gestreift, ebenso wie den nördlich gelegenen phönizischen Küstenstreifen um Tyrus und Sidon. Viele weiße Flecken blieben auf seiner Landkarte!

Gut, sein Weg war es gewesen, sich auf wenige zu konzentrieren, besonders auf seine zwölf Schüler. Aber wie viel wäre auch hier noch zu tun gewesen! Wie lückenhaft war an vielen Stellen ihre Auffassung von ihm geblieben. Wie stark ist oft noch ihr Eigensinn durchgebrochen.

Jesus hat keine Silbe über seine Lehre geschrieben! Ein Versäumnis? Was er zu hinterlassen hatte, vertraute er der Erinnerung seiner Schüler an, ohne sicherzustellen, dass seine Worte unmissverständlich aufgezeichnet waren. Eine umfassende Übersicht von Regeln für die vielfältigen Alltagssituationen hat er schon gar nicht aufgestellt.

So vieles blieb offen. So vieles blieb vieldeutig. So viele Menschen blieben Jesus gegenüber unentschieden. So schnell sind diese letzten drei Jahre vorbeigegangen. Das war jetzt alles? Jetzt sollte alles schon vollbracht sein?

Es muss einen Grund gehabt haben, dass Jesus – mit letzter körperlicher Kraft, aber voller Gewissheit – seine Aufgabe als erfüllt abschließen konnte. Sein Tun war nun komplett. Wie kann das sein?

Den richtigen Maßstab wählen

Es liegt offenbar an den Maßstäben, denen Jesus gefolgt ist. An vielen Messlatten hätte er sich orientieren können: Er hätte seine *Möglichkeiten* nutzen können. Er war imstande, Menschen zu heilen, sie zu befreien, ihnen Würde zu verleihen, ihnen Vergebung zu schenken, sie mit Gottes Reich bekannt und vertraut zu machen. Seine Kraft hätte vermutlich gereicht, um noch viel mehr davon zu tun.

Er hätte sich nach den *Bedürfnissen* und der Not der Menschen richten können. Die blieb auch nach drei Jahren noch weitgehend ungestillt. Wäre nicht gerade dies echte Liebe gewesen: zu fragen, was der andere braucht?

Aber Jesus hat sich nach dem Maßstab seines *Auftrags* ausgerichtet. Nicht das, was er könnte, tat er; nicht das, was er sollte; sondern das, was ihm vom Vater gegeben war. Unter den drei möglichen Maßstäben:

• die eigenen Möglichkeiten
• die echten Bedürfnisse der anderen
• der von Gott gegebene Auftrag,

entschied Jesus sich für den letzten. Und dieser Auftrag war erfüllt. Sein Lebenswerk war vollständig, ja sogar vollkommen.

Vollständig gefüllte Zeit

Die Wahl des richtigen Maßstabs ist auch für mein Leben wesentlich. Der richtige Maßstab entscheidet darüber, wie ich die Zeit, die mir gegeben ist, erlebe und bewerte. Oft ist mir die Zeit, die ich habe, zu kurz. Ich möchte noch mehr in sie hineinpacken. Viele Tage empfinde ich als unbefriedigend, manche sogar als gescheitert, weil so viel offen blieb, so viel liegen blieb.

Gott aber hat andere Maßstäbe und eine andere Zeitrechnung. Aus seiner Sicht kann eine kurz bemessene Zeitspanne im Rückblick vollständig sein. Was er für diese Zeitspanne vorgesehen und ausgesucht hat, ist richtig und vollkommen. Es genügt, auch wenn ich in derselben Zeit noch viel mehr und noch ganz anderes hätte tun wollen und können.

Wenn das Leben ein Fragment ist

Dietrich Bonhoeffer war ein Mensch, dessen Leben früh endete, mit 39 Jahren. Eigentlich *zu* früh. Er war auf der Höhe seiner Schaffenskraft. Gerade in seinen letzten zwei Jahren hatte er begonnen, bahnbrechende Gedanken über Christus und die Welt zu entwickeln. Sie konnten wegweisend für die Christenheit sein – aber das Meiste davon hat er gar nicht zu Ende denken können. So fehlte der Kirche nach dem Krieg seine weise, herausfordernde, aufrüttelnde Stimme. Aber war sein Leben nicht im tieferen Sinne doch abgerundet?

Er selbst hat geschrieben: »Es kommt wohl nur darauf an, ob man dem Fragment unseres Lebens noch ansieht, wie das Ganze eigentlich angelegt und gedacht war und aus welchem Material es besteht. Es gibt schließlich Fragmente, die nur noch auf den Kehrrichthaufen gehören (selbst eine anständige ›Hölle‹ ist noch zu gut für sie) und solche, die bedeutsam sind auf Jahrhunderte hinaus, weil ihre Vollendung nur eine göttliche Sache sein kann, also Fragmente, die Fragmente sein müssen – ich denke zum Beispiel an die Kunst der Fuge. Wenn unser Leben auch nur ein entfernter Abglanz eines solchen Fragmentes ist, … dann wollen wir uns auch über unser fragmentarisches Leben nicht beklagen, sondern daran sogar froh werden.«[29]

Die Kräfte von Gottes Welt sind da

Bonhoeffers eigenes Leben ist zweifellos ein solches Fragment, das bedeutsam ist. Das Lebenswerk von Jesus Christus ist allerdings mehr: Es ist auf eine tiefe Weise vollständig und vollkommen. Alles, was er für uns Menschen tun musste, hat er getan: Die Versöhnung mit Gott ist in Kraft gesetzt. Die Königsherrschaft Gottes hat begonnen und wächst. *Die Kräfte der kommenden Welt* (Hebräer 6,5 gnb) sind da und sind uns Jesusleuten anvertraut. Was man von Gott wissen muss, hat Jesus gesagt, gezeigt und gelebt.

Und damit kann ich nun leben. Ich kann mit den Begrenzungen meines Lebens und mit allem Unvollständigen und Vorläufigen gut zurechtkommen, wenn ich weiß: Die Verbindung mit Christus gibt mir vollkommen alles, was ich wirklich brauche. Und für die Zeitabschnitte meines Lebens hat Gott seinen Maßstab. Was er mir zuteilt, ist genug, auch wenn ich empfinde, es könnte noch viel mehr sein, das ich zustande bringen möchte. Was er in meine Zeit hineinlegt, ist vollkommen genug.

Der Brunnenbohrer im Tal der Steppe hat genug getan, als er nur den artesischen Brunnen bohrte. Die Menschen des Tals hat er damit vollständig versorgt. Denn nun wird das Wasser fließen. Es hat Kraft. Es wird sich seinen Weg suchen.

Für heute:

Wählen Sie den richtigen der drei Maßstäbe, um diesen Tag zu gestalten. Was Gott in diesen Tag für Sie hineinlegt, ist vollkommen genug.

Vollkommenheit erreichen

Es ist vollbracht. Der vierte Evangelist gibt diesen Ruf von Jesus mit einem Wort wieder, in dem mehrere Bedeutungen mitklingen: Vollkommenheit, das Ziel erreicht haben, am Ende angelangt sein, einen Weg voll und ganz gegangen sein.

Unsere Aufgabe: Vollkommenheit

In der Bergpredigt taucht dieses Wort ebenfalls auf: *Ihr sollt vollkommen sein, so wie euer Vater im Himmel vollkommen ist* (Matthäus 5,48). Darin steckt dasselbe Grundwort wie in Jesus' Wort am Kreuz: Zielerreichung, Vollendung. Seinen Nachfolgerinnen und Nachfolgern hat Jesus also dieses Ziel gesteckt: Gott bis zum äußersten Ende gleich sein. Gottes Willen voll und ganz, ohne Abstriche, erfüllen. Wenn wir dieses Wort der Bergpredigt mit dem Geschehen am Kreuz in Verbindung bringen, kann es bedeuten: Wir sollen etwas Vollkommenes vollbringen, so wie Jesus etwas Vollkommenes vollbracht hat.

Wie kann Jesus so etwas von uns erwarten? Er kennt doch unsere Unvollkommenheit. Weil wir so notorisch oft Gottes Willen verfehlen, ist er ja für unsere Sünde gestorben. Und seine zwölf Jünger waren auch nicht gerade das Modell für Vollkommenheit. Gestern haben wir von Bonhoeffer gelesen, dass unser Leben fast zwangsläufig aus Bruchstücken besteht und dass das auch kaum anders sein kann. Aber Jesus fordert Vollkommenheit?

Um Jesus richtig zu verstehen, dürfen wir Vollkommenheit nicht mit Perfektion verwechseln. Der Unterschied ist mir durch die Musik klar geworden. Was ist perfekte Musik und was ist vollkommene Musik?

Der Unterschied zwischen Perfektion und Vollkommenheit

In der klassischen Musik gibt es höchste Maßstäbe, und man kann klar sagen, ob jemand richtig oder falsch spielt. Ein Pianist wie Wladimir Horowitz war ein Spitzenmusiker, und wahrscheinlich war er perfekt. Er muss eine Komposition interpretatorisch voll erfasst haben, ihren »Geist« wiedergeben und er muss technisch fehlerfrei sein. Das gilt aber so nur in der klassischen Musik.

Daneben gibt es den Jazz. Im Jazz gibt es keine perfekten Musiker, und wer perfekt wäre, hat damit noch längst keinen guten Jazz gespielt. Wohl aber gibt es in dieser Musikart vollkommene Musik. Und zwar dann, wenn jemand vollkommen durchdrungen ist von dem, was er in sich hört. Er beherrscht die Musik und ist zugleich beherrscht von ihr. Was er spielt, kommt dann von innen heraus und ist gewachsen. (Das ist auch für klassische Musik wichtig, im Jazz aber unverzichtbar.) Es ist inspiriert. Technisch können Aussetzer dabei sein, vielleicht sogar falsche Töne, und doch kann es im Jazz vollkommen sein. Denn jeden falschen Ton kann der Jazzmusiker sofort in einen neuen Zusammenhang stellen, und dann wird es überraschend richtig. Über den Jazzpianisten Thelonious Monk hat jemand gesagt, er spiele, als ob er zehn Daumen habe. Seine Stücke klingen grob und hölzern – und doch ist er einer der wichtigsten Musiker in der Geschichte der Jazzmusik und hat unzählige Musiker, auch wenn sie einen ganz anderen Stil spielen, unüberhörbar geprägt.

Vollkommenheit bedeutet nicht, perfekt und frei von Fehlern zu sein, sondern: vollkommen durchdrungen und hingegeben zu sein. Das schließt eigenes Bemühen ein – Jazzmusik muss hart studiert werden. Aber Disziplin allein gibt keine gute Musik. Man muss hingerissen sein! Das gilt für den Jazz wie für Jesus.

Jesus konnte am Ende seines Lebens *Es ist vollbracht* sagen, weil er ganz und gar ausgefüllt war von seinem Auftrag und weil er seinen Auftrag ganz und gar ausgefüllt hat. Das war seine Vollkommenheit.

Jesus ist dem Maßstab von Gottes Geboten komplett gerecht geworden. Er hat nichts übertreten. *Diese* Art von Vollkommenheit gelingt nur ihm, dem Sohn Gottes. Wir dagegen greifen zu kurz und erreichen Gottes Maßstab nicht.

Eine Sache der Liebe

Dennoch können wir vollkommen sein wie Jesus – nämlich vollkommen ausgefüllt von Gott. Voll und ganz hingegeben an ihn. Das ist keine Angelegenheit von Perfektion und Fehlerfreiheit. Das ist eine Sache der Liebe.

Du sollst den Herrn, deinen Gott, lieben, von ganzem Herzen, mit ganzer Seele und mit all deinen Gedanken! (Matthäus 22,37 nach 5. Mose 6,5). Hier zeigt Gottes Wort, welche Vollkommenheit für uns erreichbar ist. »Ganz«, »alles« – David spricht in Psalm 103,1 von dem, *was in mir ist.* Das alles gebe ich Gott hin. Es reicht vermutlich nicht, um Gottes Gebote vollständig zu erfüllen. Aber ich enthalte Gott nichts von dem vor, was in mir ist. Ich lasse ihn vollkommen Herr über mein Leben sein. Die Hingabe an meinen »Herrn« darf aber nicht das Missverständnis aufkommen lassen, sie sei nichts anderes als Unterwerfung. Ja, einem »Herrn« im Sinne dieser Welt hat man sich zu unterwerfen oder – etwas zivilisierter – sich zu unterstellen. Aber diesen Herrn, der zugleich mein Vater im Himmel ist – den liebe ich! Von ganzem Herzen, mit ganzer Seele und mit all meinen Gedanken. Vollkommen also.

Vollkommenheit erreiche ich nie auf dem Weg der Gebotserfüllung. Erst recht nicht auf dem Weg der Fehlervermeidung. Wohl aber auf dem Weg der Liebe.

Völlig erfüllt sein: ein Geschenk von Jesus

Wir können sogar noch einen Schritt weitergehen. Wenn Vollkommenheit so zu verstehen ist, dass ich vollkommen von Gott erfüllt bin – dann ist diese Vollkommenheit, dieses Erfülltsein nichts, was ich leisten muss. Sondern es ist Jesus' Geschenk an mich. *Wenn ich wieder zum Leben auferstanden bin, werdet ihr wissen, dass ich in meinem Vater bin und ihr in mir seid und ich in euch*, hat Jesus gesagt (Johannes 16,20). Jesus in mir – das muss ich nicht (nur) erstreben. Sondern es ist eine Gegebenheit: Er hat sie mir gegeben. So bin ich erfüllt von ihm. *Ich lebe, aber nicht mehr ich selbst, sondern Christus lebt in mir* (Galater 2,20).

So wie am Kreuz Jesus alles vollbracht hat und darin zugleich Gott alles vollbracht hat (Psalm 22,32, siehe das Kapitel vom Sonntag), so beschenkt Christus mich damit, dass er mich ausfüllt. Vollkommen.

Für heute:

 »Vater, du kennst mein Herz. Ich kann dir keine großen Versprechungen machen. Aber ich bitte dich: Lass heute einen Tag sein, an dem ich dich voller Hingabe liebe – von ganzem Herzen, mit ganzer Seele und mit all meinen Gedanken.«

Durch Loslassen alles gewonnen

Der letzte Pinselstrich an einem großen Gemälde, der Schlussgruß unter einem schwierigen Brief, der finale Stein in einem neu erbauten Haus, die entscheidende Unterschrift unter einem Vertrag: All das sind Momente des Sieges. Ein kleiner oder auch großer Triumph liegt darin. Die Ausdauer hat sich gelohnt. Allen Mut zusammennehmen hat es gebracht. Die Anstrengung hat sich ausgezahlt. Die Überzeugungskünste kamen zum Ziel.

Diesen Erfolgen ist eins gemeinsam: Man musste sich dafür anstrengen. Es war nötig, viel Energie hineinzustecken. Man musste »rudern«, und wenn man damit ausgesetzt hätte, wäre man von der Strömung wieder zurückgetrieben worden. Um etwas zu vollbringen, war ganzer Einsatz erforderlich.

Ein seltsamer Sieg

Was Jesus am Kreuz vollbracht hat, ist ein unvergleichlich großer Sieg. Wenn jemand Anlass gehabt hätte zu triumphieren, dann Christus, der Überwinder. Durch seinen Tod hat er nicht nur die Schuld weggeschafft, die Menschen von Gott trennt, sondern auch die Macht des Todes überwunden und den Durchbruch zu ewigem Leben für alle geleistet. Und er hat den Teufel besiegt – diesen Zerstörer, Verdreher, Vater der Lüge und Meister des Hasses.

Doch dieser Sieg von Jesus ist eigenartig. Jesus hat den Sieg nicht errungen, indem er sich übermenschlich anstrengte, sondern indem er sich fallen ließ. Er hat die Hass-Macht des Teufels nicht überwunden, indem er dessen Stärke eine noch größere Stärke entgegensetzte. Er hat die Stärke überwunden durch – Schwäche! Durch eine Kraft also, die der Teufel verachtet, von der er nichts versteht und der er folglich auch nichts entgegensetzen konnte. Die größte »Leistung« hat Jesus vollbracht, indem er Abstand von aller Leistung nahm. Die Mächte der Welt hat er entmachtet, indem er sich ihrer Macht überließ. Was für ein merkwürdiger und triumphloser Sieg!

Abraham zeigt, wie Glauben geht

Für Menschen, die an Gott glauben und ihm folgen, ist diese Art, zum Ziel zu kommen, aber gar nicht so ungewöhnlich. Sie zieht sich durch die Geschichte des Reiches Gottes von Anfang an wie ein roter Faden hindurch. Prägnantes Beispiel ist Abraham. Er wird der »Vater des Glaubens« genannt. Aber worin besteht seine Leistung?

Auf der einen Seite könnte man seinen Mut nennen: Er brach – nur auf ein Wort und ein Versprechen Gottes hin – aus seiner Heimat auf und zog in unbekanntes Land um. Er setzte alles auf diese eine Karte. Er ließ sich zwischenzeitlich zwar durch die lange Dauer verwirren, bis Gottes Versprechen sich erfüllte. Aber beirren ließ er sich letztendlich nicht. All das könnte man als die große Kraft seines Glaubens bewerten.

Doch auf der anderen Seite – und bei näherer Betrachtung trifft diese andere Seite viel mehr zu – ist Abraham gerade nicht der Macher, der Held, der große Sieger. Denn im Grunde liegt die Qualifikation von Abraham nur in einem: im Loslassen.

Der Bibelausleger Claus Westermann schreibt über Abraham: »Der Gesamteindruck ist der eines Mannes, der lassen muss. Er muss sein Vaterhaus lassen, er muss seine Ansprüche lassen, er muss seine Versuche der Lebenssicherung lassen, er muss seinen Sohn lassen. … Wollte man mit unseren abendländischen Begriffen etwas über das Lebenswerk dieses Mannes sagen, über seine Leistung, seinen Beitrag für irgend etwas, sein Streben und Mühen, sein Wirken und Schaffen, so steht man einfach mit leeren Händen da. Abraham ist der, der hergeben muss.«[30] Und *der* ist der Vater des Glaubens!

Hingabe, die paradoxe Kraft

In Jesus bündelt sich diese Art zu glauben noch einmal besonders. Jesus konnte das Kreuz deswegen bestehen, weil er loslassen konnte, sich Gott überlassen konnte. Viele Menschen erachten so eine Haltung als Schwäche. Es ist kaum vorstellbar, wie man durch Loslassen siegen kann. Man kann nicht ausrechnen und nicht beweisen, dass Liebe eine größere Kraft als Hass hat und Feindesliebe über Gewalt siegen kann. Doch gerade dies ist ja das Wesen dessen, was Jesus am Kreuz vollbracht hat.

Die alte Kirche hat für den paradoxen Sieg von Christus ein Gleichnis gefunden. Es klingt für unsere Ohren vielleicht skurril, aber man wollte eben verständlich machen, wie der wehrlos sterbende Gekreuzigte alle Gewalt des Teufels überwinden konnte.

Angelhaken und Köder

Dieses Gleichnis geht in seinen Grundzügen so: Der Teufel ist wie ein bösartiger Drache oder Raubfisch. Er ködert die Menschen, um sie dann zu verschlingen. Um diesem verheerenden Treiben ein Ende zu setzen, hat Gott sich als Mensch gezeigt. Seine Göttlichkeit hat er in Christus verborgen. So hat er sich dem Raubfisch als Beute angeboten. In Wahrheit aber war Christus der Köder Gottes, und in ihm versteckt war der Angelhaken, nämlich die Gottheit von Jesus. Der Teufel in seiner Gier hat zugeschnappt, in der Erwartung, jetzt habe er eine besonders fette Beute gemacht. Doch mit diesem Bissen hat er sich übernommen! Nun ist er selbst an den Haken gegangen. Gott hat ihn gefangen. Damit dies aber geschehen konnte, musste Christus bereit sein, sich als Köder von diesem Raubfisch fressen zu lassen.[31]

So fremdartig uns wohl dieses Gleichnis vorkommt: Es zeigt, dass Jesus die Machtverhältnisse dieser Welt durch ein scheinbar völlig widersinniges Verhalten außer Kraft gesetzt hat.

Aus dem Spiel dieser Welt ausgestiegen

Was wäre gewesen, wenn Jesus Macht mit Macht bekämpft hätte? Jesus wäre Teil dieser Welt geblieben. Er hätte dieses innerweltliche Spiel mitgespielt. Er hätte sich den Maßstäben der weltlichen Werte und der teuflischen Ziele unterworfen. Gerade weil er aber ganz unerwartet anders reagierte, konnte er wirklich und wirksam siegen: durch Liebe. Durch Schwäche. Durch Hingabe. Als er sich dem Tod überließ, überließ er sich zugleich Gott. Das war der Weg zum Leben.

Es ist vollbracht, nicht durch Leistung und Macht. Aber gerade im Machtverzicht kam Gottes Macht dann zum Zuge.

Für heute:

»Jesus, all meine Bewunderung und Wertschätzung gilt dir. Du hast überwunden – nicht als Raubtier, sondern als Lamm auf der Schlachtbank. Du hast die Maßstäbe dieser Welt auf den Kopf gestellt. Alle Ehre dir dafür, dass du diesen Weg gegangen bist! Danke, Vater, dass du diese Schwäche dann in unüberwindliche Stärke umgemünzt hast.«

Ambitionen

Zu den Menschen, die ich bewundere, gehört mein Freund Axel. »Unaufgeregt und zielstrebig« – so würde ich ihn charakterisieren. Nach zwei parallel absolvierten Studiengängen in Theologie und Psychologie hat er seine Berufung gefunden: Menschen in ihrer Trauer begleiten, die einen Angehörigen verloren haben. Axel hat ein innovatives Bestattungshaus aufgebaut, bei dem die Gestaltung von Trauerfeiern nur eine Dienstleistung von vielen anderen ist. Er bietet für den nötigen Abschied eine einfühlsame Umgebung und die Möglichkeit, auch lange nach dem Todesfall noch Räume für die Trauer zu finden.

In den ersten Jahren der Unternehmensgründung war Axel natürlich völlig beansprucht davon und freie Zeit war selten. Aber nach einiger Zeit hat er eine gesunde Balance gefunden. Er bringt eine neue Idee nach der anderen hervor, baut sein Unternehmen aus, ist aber gelassen, ausgeglichen und alles andere als ein Karrieremensch. Auch den Selbstständigen, die »selbst und ständig« arbeiten, gleicht er längst nicht mehr. Ich bewundere das. Für mich spiegelt sich darin etwas von der Schaffensfreude, die der Schöpfer seinen Menschen mit auf den Weg gegeben hat. Es ist gut, wenn man etwas vollbringen will und hinterher zufrieden auf das Erreichte blicken kann.

Ambitioniert oder gejagt?

Nicht vielen Menschen gelingt es, zielstrebig voranzukommen, eine Karriere aufzubauen oder wenigstens Ziele zu verfolgen und dabei noch in sich zu ruhen. Ich kenne Zeiten aus meinem Leben, wo mir diese Balance fehlte. Ziele und Möglichkeiten waren eher etwas, das mich unter Zugzwang setzte: Wie reagiere ich nun? Und eine Gelegenheit verstreichen zu lassen – kann ich mir das wirklich leisten?

Ambitionen zu haben, ist in unserer Gesellschaft eine geschätzte Eigenschaft. Während »ehrgeizig« oft nicht gut klingt, ist »ambitioniert« eine anerkannte Haltung. Doch auch die besten Ambitionen können einen unguten Sog in sich tragen. Das Wort »Ambition« kommt vom lateinischen »ambire«: suchend umhergehen. Es wurde oft auf einen Bittsteller angewendet, der reihum bei Freunden z.B. einen Kredit sucht. Solche »Ambition« hat etwas Unstetes und Getriebenes. Es ist nicht leicht, sich im Leben Ziele zu stecken, sie zu verfolgen – und es gleichzeitig zu vermeiden, so unstet und getrieben zu sein und ständig »umherzugehen«.

Die klassischen Antreiber

Woher kommt es, dass unsere Ambitionen uns oft rastlos machen? In Psychologie und auch in christlicher Seelsorge hat man erkannt, dass bestimmte »Antreiber« hinter uns stehen, die uns sehr früh in die Wiege gelegt wurden. Die fünf klassischen Antreiber werden so beschrieben:
• Mach es allen recht!
• Mach keine Fehler!
• Sei stark!
• Beeil dich!
• Streng dich an!

Wir haben vielerlei Beweggründe, die uns dazu bringen, dass wir bestimmte Dinge unbedingt wollen und andere unbedingt vermeiden. Doch die Wurzel dieser vielfältigen Beweggründe ist oft einer oder sind mehrere der genannten fünf Antreiber. Wenn das aber so ist, dann ist jede unserer Ambitionen kein frei gewähltes Ziel, sondern eine Triebkraft, die uns im Nacken sitzt.

Wie gut, dass es auch das andere gibt: Menschen, die Klärungsprozesse durchlaufen haben und ein Ziel aus Berufung verfolgen, anstatt dass der Leistungsanspruch sie verfolgt. Menschen wie mein Freund Axel.

Nichts aus sich machen müssen

In den letzten Wochen sind wir mehrfach den Überlegungen von Dietrich Bonhoeffer begegnet. Dieser Mann gehört ganz bestimmt zu denen, die Klärungsprozesse durchlaufen haben. Er hat nicht von Ambitionen gesprochen, aber die Sache doch getroffen, als er seinem Freund aus dem Gefängnis schrieb:

»Wenn man völlig darauf verzichtet hat, aus sich selbst etwas zu machen – sei es einen Heiligen oder einen bekehrten Sünder oder einen Kirchenmann (eine sogenannte priesterliche Gestalt!), einen Gerechten oder Ungerechten, einen Kranken oder Gesunden ..., dann wirft man sich Gott ganz in die Arme, dann nimmt man nicht mehr die eigenen Leiden, sondern das Leiden Gottes in der Welt ernst, ... und so wird man ein Mensch, ein Christ« (vgl. Jer[emia] 45!).[32]

Darauf verzichten, aus sich selbst etwas zu machen: Hier hat Bonhoeffer ein Unterscheidungsmerkmal angegeben, mit dem ich herausfinden kann, ob ich gerade die vom Schöpfer in mich hineingelegte Schaffensfreude auslebe – oder ob ich »suchend umhergehe« und einer Ambition folge. Geht es mir darum, einem Bild ähnlich zu werden, das ich entworfen habe und das andere irgendwie beeindrucken kann? Oder folge ich einfach dem Ruf, den Gott an mich gerichtet hat?

Sterben, um leben zu können

Wenn es einen Menschen gibt, der Großes vollbracht hat, ohne dadurch etwas aus sich machen zu wollen, dann ist das Jesus Christus. An seinem Lebensende war alles vollbracht, obwohl er mit nichts in der Hand starb. Jesus hat das gelebt, was er seinen Nachfolgern als Richtschnur mitgegeben hat: *Wer sein Leben retten will, wird es verlieren; wer aber sein Leben verliert um meinetwillen, wird es finden. Denn was wird es einem Menschen nützen, wenn er die ganze Welt gewönne, aber sein Leben einbüßte?* (Matthäus 16,25-26).

Hans Peter Royer hat dieses Wort von Jesus prägnant auf dem Punkt gebracht: »Du musst sterben, bevor du lebst, damit du lebst, bevor du stirbst!«[33] Wer etwas wirklich Bleibendes vollbringen will, muss bereit sein, erst einmal alles, ja sogar sich selbst an Gott abzugeben.

Dann kann es sein, dass Projekte oder Möglichkeiten, die mir sehr verheißungsvoll erscheinen, mir unter den Händen zerbröckeln. Oder ich selbst verzichte auf diese Möglichkeit, weil ich merke, dass mein Charakter dabei zerbröckeln würde. Aus Gottes Sicht hat gerade diese Entscheidung oder diese Erfahrung aber Bestand. Es kann auch sein, dass ich mutig Gelegenheiten ergreife, weil ich den Eindruck habe, dieses Werk kann dann *in Gott vollbracht* sein (Johannes 3,21; wie ich es am vergangenen Sonntag beschrieben habe). Aber ich stehe dieser Möglichkeit dennoch gelassen gegenüber, weil der Wert meiner Person nicht daran hängt, ob ich Erfolg habe oder nicht.

Der Blick auf den sterbenden Jesus, der sein Lebenswerk vollbrachte, als er nackt und wehrlos war, hilft mir, dass ich mich nicht von Ambitionen jagen lasse, sondern mich Gott überlasse. Nicht ich mache etwas aus mir, sondern er bringt das zum Wachstum, was aus seiner Sicht bei mir leben soll.

Für heute:

Wenn Sie an Ihre Ziele der nächsten zwei Jahre denken: Fördern sie Ihre Karriere, Ihre Geltung und Ihr Konto – oder Ihren Charakter und Ihre Bindung an Gott?

Das Zentrum der Geschichte

»Er ist das Zentrum der Geschichte. Er ist der Anker in der Zeit.«
Das ist der Refrain des bekannten geistlichen Liedes »Anker in der
Zeit« von Albert Frey. Das, was Jesus am Kreuz vollbracht hat, ist
der Dreh- und Angelpunkt: nicht nur für das jeweils einzelne Leben
eines jeden, der an Christus glaubt, sondern ebenso für die ganze
Weltgeschichte. Als Jesus *Es ist vollbracht!* rief oder seufzte, war damit eine Markierung im Zeitstrahl der Geschichte gesetzt, an der
nun alles gemessen wird, was vorher war und nachher sein wird.

Alles, was Gott seiner Welt geben will, hat er in seinen Sohn hineingelegt und in den Moment seines Sterbens. Alle Zuwendung, die
Gott seinem Volk Israel und der ganzen Schöpfung gezeigt hat, ist
wie ein Anlauf, wie ein Atemholen für diesen entscheidenden Zeitpunkt. Und alles, was Gott seitdem in die Welt hineingibt, kommt
von diesem Moment her. *Christus ist das Bild des unsichtbaren Gottes. … Durch ihn hat Gott alles erschaffen, was im Himmel und
auf der Erde ist. … Er hält die ganze Schöpfung zusammen. … Er
ist der Anfang und als Erster von den Toten auferstanden, damit er
in allem der Erste ist. Denn Gott wollte in seiner ganzen Fülle in
Christus wohnen. Durch ihn hat er alles mit sich selbst versöhnt.
Durch sein Blut am Kreuz schloss er Frieden mit allem, was im
Himmel und auf der Erde ist. … In ihm liegen alle Schätze der
Weisheit und Erkenntnis verborgen* (Kolosser 1,15a.16a.17b.18b-20;
2,3). Tatsächlich, er ist das Zentrum der Geschichte.

Einzigartiger Wendepunkt?

Diese Sätze aus dem Kolosserbrief sind eine kühne Zusammenfassung von Paulus. Er sieht alle Absichten Gottes auf Christus konzen-
triert. Für uns ist das schwer vorstellbar. Wenn wir uns den Verlauf
der Geschichte wie auf einer Linie aufgereiht vorstellen, dann erken-

nen wir viele Wendepunkte und viele einflussreiche Persönlichkei-
ten, die den Lauf der Geschichte verändert haben. Wir sehen auch
zahlreiche Unheilsfäden und Blutspuren, die gewiss nicht Gottes Ab-
sicht entsprechen, aber ihre Wirkung hatten. Das Kreuz, das beim
Punkt »33 n.Chr.« in dieser Zeitlinie steckt, ist wichtig und hatte
Folgen, aber damit wurde ja in der Welt nicht schlagartig und unwi-
derruflich alles anders.

Doch wenn Paulus Gottes Fülle gerade in dem sieht, was Christus
vollbracht hat, steht er mit seiner Sicht nicht allein da. Es ist nützlich,
noch ein wenig bei der Bibel zu verweilen und zu beobachten, welche
Erwartung sie mit Gottes Sohn verbindet. Dabei sind gerade solche
Stellen, die nicht plakativ und laut von Christus sprechen, durchaus
aussagekräftig.

Auswirkung auf alle Generationen

Eine solche Stelle der Bibel ist der 22. Psalm – das biblische Gebet, zu dem Jesus Zuflucht nahm, als er sich von der Seele schreien
musste, dass Gott ihn verlassen hatte (wie wir in der vierten Woche gesehen haben). Größte denkbare Qual klingt in diesem Psalm
auf und danach das Staunen darüber, dass Gott dann doch noch
eingegriffen hat. Der Beter, der zunächst vollständig verworfen zu
sein schien, ist bei Gott anerkannt. Das hat aber nicht nur für sein
eigenes Leben Auswirkungen, sondern es strahlt aus in alle Welt
und in alle Zeit:

*Die ganze Erde wird den Herrn anerkennen und zu ihm zu-
rückkehren. Die Menschen aller Völker werden sich vor ihm verneigen. Denn der Herr ist König und er herrscht über die Völker!
Die Reichen der Erde werden ein Fest feiern und anbeten. Vor ihm
werden sich alle Menschen verneigen, die geboren werden, um
zu sterben. Kommende Generationen werden ihm dienen; ihnen
wird man erzählen, was der Herr getan hat* (Psalm 22,28-31). Diese
Rettung, die Gott dem Beter von Psalm 22 geschenkt hat, ist wie
ein Leuchtfeuer in der Mitte der Zeit. Keine Generation kann mehr

hinter das zurück, was hier geschah. Und Gott ist derjenige, dem aus allen Richtungen die Ehre dafür zufällt.

Als sich Jesus am Kreuz den Beginn dieses Psalms zu eigen machte, konnte er nur schwach hoffen, dass ihm auch der Fortgang dieses Psalms gilt. Doch seit der Auferweckung von Jesus ist klar, dass er zu Recht beanspruchen kann: Er, Jesus, ist der Auslöser dafür, dass sich weltweit Menschen Gott zuwenden.

Blicken wir an andere Stellen der Heiligen Schrift. Fragen wir nach den Orten, wo Gott besonders seine Gegenwart gezeigt hat und in die er besonders seine Versprechen hineingelegt hat. Ein Ausflug zu den »heiligen Bergen« der Bibel wird uns ebenfalls in das Zentrum der Geschichte führen.

Ein Berg, viele Jahrtausende

Der Berg Morija war Schauplatz eines unfassbaren Ereignisses. Gott hatte sich einen Menschen erwählt, um durch ihn die Linie seines Segens in die Welt zu bringen: Abraham. Durch seine Nachkommen sollte dieser Segen weitergetragen werden. Doch dann schien es so, als wollte Gott auf grausamste Weise dieses Versprechen zurückziehen: Abraham sollte seinem Sohn das Leben nehmen, und zwar auf dem Berg Morija. Abraham ließ sich auf diese ungeheuerliche Anweisung Gottes ein, er fügte sich. Sein Vertrauen war ungebrochen, dass Gott auch in diesen schwarzen Moment, der gleich kommen würde, noch einen Sinn legen würde. Und dieser Sinn deutet sich dann auch an: Gott gebot Einhalt und Abraham sollte seinen Sohn doch am Leben lassen. Was Abraham kurz vorher gesagt hatte, bekam nun eine prophetische Bedeutung: *Gott wird für ein Opferlamm sorgen* (1. Mose 22,8).

Über tausend Jahre später rückte der Berg Morija erneut in das Zentrum von Gottes Handeln: König David bekam von Gott die Anweisung, an dieser Stelle ein Stück Land zu kaufen und einen Altar zu bauen. Hier wollte Gott verehrt werden. Genau diese Stelle auf dem Berg Morija wurde dann der Platz, auf dem Davids Sohn Salomo den Tempel baute. In der Tat, Gott wollte von seinem ganzen Volk gerade hier angebetet werden. Hier wurden ihm Opfer gebracht. Der Tempelberg bekam bald den Ehrennamen »Zion«, der in vielen Jubelliedern Israels aufklingt.

Noch einmal fast tausend Jahre später: Unweit des Tempels, ganz in der Nähe des Berges Zion stirbt Gottes Sohn. Hier wird ein Opfer gebracht, das ganz anders ist als die Opfer im Tempel nebenan – ein Opfer, das unvergleichlich viel größere Wirkung hat. Jesus stirbt als *das Lamm Gottes, das die Sünde der Welt trägt.* Die Ankündigung von Abraham auf dem Berg Morija hat sich erfüllt: *Gott wird für ein Opferlamm sorgen.*

Und nun der Blick in die Zukunft, ans Ende der Zeiten: Dieser Berg Zion ist der Mittelpunkt von Gottes neuer Welt. *In den letzten Tagen wird der Berg, auf dem das Haus des Herrn steht, zum wichtigsten Gipfel werden und sich über alle anderen Berge erheben. Alle Völker werden zu ihm strömen. Scharenweise werden sie herbeikommen und sagen: »Kommt, wir wollen auf den Berg des Herrn, zum Haus des Gottes Israels, gehen. Dort wird er uns seine Wege lehren, damit wir auf seinen Pfaden gehen.« Denn dann wird die Lehre des Herrn von Zion ausgehen und sein Wort von Jerusalem* (Jesaja 2,2-5).

Alle diese Ereignisse spielen sich an derselben Stelle ab – auf oder an dem Berg Morija, dem Tempelberg, dem Berg Zion. Sie umspannen den Zeitraum von der Anfangszeit des Glaubens und der Verheißung bis hin zur Vollendung von allem. Der Mittelpunkt aber ist – das Kreuz von Jesus.[34] Der große Erzählbogen der Bibel ist so angelegt, dass Christus im Brennpunkt steht. Tatsächlich: »Er ist das Zentrum der Geschichte, er ist der Anker in der Zeit.« Was er vollbracht hat, ist nun wirksam für alle Zukunft.

Die Entscheidung ist gefallen

Wird man das am Verlauf der Geschichte auch erkennen können? Sind jetzt etwa die Machthaber, die Diktatoren und die gebieterischen Großkonzerne weniger mächtig? Wieso sollte das, was Christus am Kreuz vollbrachte, einen Unterschied für sie machen?

Der Anker in der Zeit wirkt sich noch nicht unmittelbar auf die Macht der Mächtigen aus. Doch dort ist die Entscheidung bereits gefallen: Das letzte Wort wird kein irdischer Herrscher haben. Der Ausgang der Geschichte wird nicht durch sie bestimmt. Derjenige, vor dem sich auch die Mächtigsten der Erde einmal verantworten müssen, ist schon eingesetzt. Das geschah durch die Worte *Es ist vollbracht* und drei Tage später in der Auferweckung, am Fuße des Berges Zion, im Zentrum der Geschichte.

Für heute:

 Auch über Ihr Leben sind die Entscheidungen schon längst, nämlich in der Mitte der Zeit, getroffen worden: Gott meint es gut mit Ihnen. Auch für Sie ist der bereits eingesetzt, vor dem Sie sich verantworten müssen – und der für Sie sprechen wird.

»Vater, in deine Hände
übergebe ich
meinen Geist.«

Lukas 23,46

7. Woche

In Gottes Hand

In vielen christlichen Häusern steht sie: die Plastik von Dorothea Steigerwald mit dem Titel »Bleib sein Kind«. In eine geöffnete Hand hinein schmiegt sich ein kleines Mädchen und ist dabei ganz geborgen. Kein Zweifel – die Hand Gottes ist gemeint. Seit die Diakonisse Dorothea Steigerwald diese kleine Skulptur 1963 schuf, hat sie wohl Generationen von Wohnzimmern geprägt – und zugleich die Vorstellung von Generationen davon, wie tröstlich Gottes Hand ist. Heute, im zweiten Jahrzehnt des 21. Jahrhunderts, ist diese Skulptur keineswegs »out«: Meine sechzehnjährige Tochter hat eine daumengroße Nachbildung davon aus Kunststoff als Schlüsselanhänger.

Als eines seiner letzten Worte kurz vor seinem Tod betete Jesus: *Vater, in deine Hände übergebe ich meinen Geist.* Die Hände Gottes, die Hände seines Vaters, waren der Ort, zu dem er sich flüchtete, als ihm nichts anderes mehr blieb.

Menschenhänden gehört nicht das letzte Wort

Jesus zitiert hier aus dem 31. Psalm. Dieser Psalm hält eine Fülle von Bildern bereit, die alle Geborgenheit ausstrahlen. Gott wird angerufen als der Hörende (*Neige zu mir dein Ohr!*), als *Fels der Zuflucht*, als *unzugängliches Haus* (nämlich für die Feinde unzugänglich), als Fels und Festung. Als jemand, der in der Schrift zu Hause war, hörte Jesus diese Gottesbezeichnungen sicher alle mitklingen, während der 31. Psalm in seine Gedanken kam. Doch Jesus betete keine dieser Bilder laut – er sprach nur von den Händen seines Vaters. Warum?

Vielleicht weil ihm bewusst war, dass er seit Stunden in den Händen der Menschen war – in den Händen der Sünder, wie er es zuvor seinen Jüngern erklärt hatte (Markus 14,14; Lukas 24,7; wie am Sonntag der 5. Woche gesehen). Das war die sichtbare Realität. Das waren die Kräfte, die jetzt auf Jesus einwirkten. Dieser Realität konnte Jesus jetzt nicht entrinnen und er wusste, dass sein Vater ihn dort nicht herausreißen würde. Aber die Hände der Sünder sollten nicht den letzten Zugriff, nicht das letzte Wort haben. Das ist es, worum Jesus betete. Schon David hatte in Psalm 31 den Händen der Verfolger die Hand Gottes gegenübergestellt: *Meine Zukunft liegt in deinen Händen* (V. 16). So machte es auch Jesus. Was Menschenhände ihm antaten, musste voll und ganz durchgestanden sein. Aber dann sollten die Hände seines Vaters ihn aufnehmen.

Sind Gottes Hände tröstlich? Sind sie nur tröstlich und sonst nichts? Vorstellungen wie die, die wir durch die Plastik »Bleib sein Kind« lernten, könnten uns auf diese Spur setzen. Aber das wäre zu schmal gedacht. Gott könnte für uns letzten Endes zu jemandem werden, dessen Trost jederzeit abrufbar ist und der uns zur Verfügung stünde. Doch zur Verfügung steht Gott niemandem – keiner kann über ihn verfügen.

Die Fülle von Gottes »*Hand*eln«

Die Bibel zeigt uns Gottes Hände auf sehr vielfältige Weise. Gottes Hand kann über jemanden kommen. Derjenige bestimmt dann nicht mehr über sich selbst – fast könnte man sagen: Er bleibt nicht mehr derselbe. Gottes Kraft kommt über ihn, er wird ermächtigt und kann das tun, wozu er berufen ist.

Die Hand Gottes kann mit jemandem sein. Auf diese Weise begleitet Gott ihn, bestätigt ihn, gibt ihm Anschub. Was getan werden muss, kann er tun.

Gottes Hand kann jemandem auch schwer drücken. Gott ist dann nicht mehr für, sondern gegen ihn. *Tag und Nacht lastete auf mir deine Hand,* betete David im 32. Psalm. Und es war richtig für ihn, diese Last, diese Hand nicht sofort abzuschütteln, denn Gott musste ihn so zur Umkehr von seiner Sünde bringen.

Auch ohne dass jemand gesündigt hat, kann die Hand Gottes ihn niederdrücken. Jeremia musste das erleben: *Ich habe mich nicht zu den Fröhlichen gesellt noch mich mit ihnen gefreut, sondern saß einsam, gebeugt von deiner Hand; denn du hattest mich erfüllt mit Grimm* (Jeremia 15,17 lut). Hier ist Gottes Hand nicht gerade ein Zufluchtsort, an dem man gerne wäre. Aber wer an Gott, den Tröster, glaubt, muss es auch annehmen und durchhalten, wenn Gottes Hand heftig zupackt.

Es ist also kein »Spaziergang«, sich in Gottes Hände zu begeben. Es kann auch *schrecklich* sein, *in die Hände des lebendigen Gottes zu fallen* (Hebräer 10,31). Vielleicht spürte Jesus am Kreuz etwas davon, als er seinen Vater anrief, der ihn ja spürbar verlassen hatte und in dessen Händen er dennoch lieber sein wollte als irgendwo sonst.

Wenn ich heute bete: »Vater, nimm mich auf in deine Hände«, dann ist das kein harmloses Gebet. Gott ist nicht meine Vollkasko-Versicherung, die alles in angemessener Frist zum Guten reguliert. Wenn ich mich betend in Gottes Hände flüchte, ist das eine Bewegung der Hingabe. Ich überlasse mich ihm und er hat alle Macht über mich. Ich setze mich dem aus, was er nun mit mir machen wird. Wenn ich dieses »Risiko« begriffen habe, dann kann ich auch auf Geborgenheit hoffen. Denn bei aller Macht, die Gott hat, ist es ja immer noch der Vater, den ich anrufe. Jesus hat diese Vater-Anrede ja eigens zum Psalmwort hinzugefügt.

Wie sehen Gottes Hände aus?

Wie sehen Gottes Hände aus? Darf man so fragen? Wie soll ich mir Gottes Hände vorstellen, wenn sie tröstlich und zugleich zupackend sind, wenn sie retten und auch niederdrücken können, wenn sie mich beschenken und über mich verfügen können?

Rembrandt van Rijn hat in genial und tief empfundener Weise die Hände des Vaters gemalt, der – nach dem Gleichnis aus Lukas 15 – seinen heimkehrenden Sohn in die Arme schließt. Auf dem berühmten Gemälde »Die Heimkehr des verlorenen Sohnes« sieht man den Sohn nur von hinten. Die Hände des Vaters liegen auf dem Rücken seines Sohnes und sind deutlich erkennbar. Vielen Betrachtern ist es aufgefallen: Die linke Hand ist schmaler und zart, die rechte Hand ist kräftig und breit. Es ist, als ob Rembrandt eine weibliche und eine männliche Hand gemalt hat.[35] Ob bewusst oder nicht: Der Maler hat die ganze Fülle dessen hineingelegt, was die Bibel über Gottes Hände zu sagen hat.

Zimmermannshände

Vielleicht darf man noch weitergehen und fragen, wie Jesus selbst Gottes Hände gesehen hat. Wenn Jesus seinen Vater anrief und sich in dessen Hände hineinwünschte – war Jesus dabei völlig frei von jeder Vorstellung seines eigenen Stiefvaters Josef? Oder hat dieser irdische Vater auch Jesus' bildhafte Vorstellungskraft geprägt? Wir erfassen das Wesen von Jesus ja keineswegs nur durch psychologische Überlegungen. Aber wenn Jesus voll und ganz Mensch war wie wir alle, dann ist seine Seele durchaus auch so mitgeformt worden, wie unsere Seelen geformt werden.

Was für Hände hat Jesus an seinem Stiefvater Josef gesehen? Zimmermannshände! Also kräftige Hände, zum Handeln imstande. Schöpferische Hände – bereit, etwas anzufertigen, das es vorher noch nicht gab. Reaktionsschnelle Hände, die einen fallenden Hammer reflexartig auffangen konnten.

Ich meine, es ist nicht falsch, an Zimmermannshände zu denken, wenn wir beten: »Vater, ich vertraue mich deinen Händen an.« Auf solches Gebet hin wird Gott handeln.

Für heute:

Welche »Handlungsweise« ist es, die Sie heute von Gottes Händen brauchen? Zupackende Hilfe? Wegweisung? Dass er Sie mit (sanfter) Gewalt auf den richtigen Weg schiebt? Eine zarte Berührung?

Vertrauen vor der Wand

Ich lege meinen Geist in deine Hände. Du hast mich gerettet, Herr, denn du bist ein treuer Gott (Psalm 32,6). So lautet das Gebet von David, das Jesus tausend Jahre später aufnimmt. Der 31. Psalm ist ein Vertrauensgebet in starker Bedrängnis. Die quälende Not kommt ungeschminkt zur Sprache (und Jesus hat sich am Kreuz in den betreffenden Zeilen, Vers 10-14, sicher wiedergefunden). Doch das Vertrauen bricht immer wieder durch.

Sich bei Gott in Verwahrung geben

Der sechste Vers ist schon früh im Judentum zu einem gern gebrauchten Abendgebet geworden. Das Tätigkeitswort *ich lege; ich übergebe* ist eigentlich ein damaliger juristischer oder finanztechnischer Ausdruck. Man gebrauchte das Wort, wenn man einen Geldbetrag jemand anderem zu treuen Händen in Verwahrung gab. Heute würde man sagen: Ich deponiere etwas sicher auf meinem Konto. Diese Vorstellung übertrug sich von Psalm 31,6 her dann auf die Situation, wenn man abends den Tag abschloss und in die Nacht ging. Für die Dauer des Schlafes vertrauten die Glaubenden ihre Seele Gott an. Ein Rabbiner namens Pinchas ben Chama sagte dem Talmud zufolge über das Abendgebet: »Jeden Abend geben wir unsere Seelen bei dir in Verwahrung, und du gibst sie (uns jeden Morgen) zurück, wobei wir erkennen, dass du ein gerechter Gott bist.«[36] Dieser Nachsatz vom gerechten Gott bezieht sich auf Psalm 31,6, wo vom Gott der Treue die Rede ist.

Es ist eine schöne Vorstellung, sich für die Nacht so bei Gott zu »deponieren«. In der Nacht ist man schutzlos, auch heute noch, obwohl keine wilden Tiere mehr unser Bett bedrohen. Schutzlos ausgeliefert bin ich oft meinen Sorgen oder meinen beklemmenden Träumen. Und während ich schlafe, bestehen viele Probleme einfach weiter. Manchmal empfinde ich, die Zeit spielt gegen mich, wenn ich in einer Arbeitsphase bin, die auf näher kommende strikte Abgabetermine zuläuft. Der Gedanke daran bedroht mich zuweilen auch nachts.

Ein Morgen- und Abendgebet

Mir hilft dann mein Morgen- und Abendgebet, das dieselbe Bewegung vollzieht wie das Gebet von Psalm 31,6: Ich gebe das, was ich selbst nicht schützen kann oder jetzt nicht mehr voranbringen kann, an Gott ab. Dieses Gebet lautet:

> Ehe ich erwache und mir wird der Tag bewusst,
> hat er schon durch meines Vaters Tür hindurchgemusst.
> Liege ich zur Nacht im Bett und ich kann nichts mehr tun,
> sagt mir Gott: »Du kannst ganz ruhig sein. Ich wache nun.«
> Gott umhüllt den Tag. Er schließt ihn auf und schließt ihn ab.
> Mutig geh ich durch. Ich weiß, wen ich zur Seite hab.[37]

Gebetsdilemma

Nun birgt der 31. Psalm aber für Jesus, wenn er ihn am Kreuz betet, ein Dilemma. Es ist dasselbe Dilemma, das wir schon bei anderen Psalmgebeten beobachtet haben: Jesus kann die Hoffnung des Psalms nicht voll und ganz für sich in Anspruch nehmen. Denn der Beter erwartet ja, dass Gott eingreift und ihn aus der Bedrängnis herausreißt. Genau das aber kann Jesus nicht erwarten. David konnte getrost beten: *Herr, lass mich nicht scheitern, denn ich rufe zu dir. Scheitern sollen die Frevler, verstummen und hinabfahren ins Reich der Toten* (Vers 18 eü). Doch jetzt ist es ja Jesus, der ins Reich der Toten hinabfahren wird, und nicht seine Gegner! David betete weiter: *Ich zwar dachte in meiner Bestürzung: »Ich bin weggenommen aus deinen Augen.« Doch du hast die Stimme meines Flehens gehört, als ich zu dir schrie* (Vers 23). Und Jesus? Sein Vater hat zwar die Stimme seines Flehens nicht überhört, aber abgewandt von ihm hat er sich trotzdem.

Es ist, als stünde der betende Jesus vor einer Wand. Es ist die Wand des Todes. Er vertraut sich zwar Gott an, flüchtet sich in dessen Hände, aber er weiß gleichzeitig, dass sich diese Wand des Todes nicht öffnen wird. Denn er ist dazu bestimmt, an ihr zu zerschellen.

Unwiderrufliche Fakten?

So ähnlich geht es uns auch oft. Die Wand ist nicht immer die des Todes, aber es gibt viele Situationen, in denen wir beten, und dann entwickeln sich die Dinge weiter ins Negative und lassen sich nicht mehr rückgängig machen. Fakten sind geschaffen. Der Arbeitsplatz, um den ich mich bewarb und für den ich betete, wurde jemand anderem gegeben. Das Gespräch, von dem ich Versöhnung erhoffte, fand schließlich statt – und missglückte; das Tischtuch ist zerschnitten. Die Operation, zu der man mir geraten hatte, verlief nicht optimal, sondern die Nebenfolgen, über die der Arzt mich aufklärte, sind eingetreten. So etwas steht nun wie eine Wand, wie eine Mauer in meinem Leben. Es ist, als ob ich mein Anliegen bei Gott »deponiert« hätte, aber er hat nicht gut genug darauf aufgepasst.

Wie vertraue ich vor der Wand? Was traue ich Gott dann noch zu? Wie konnte Jesus den Vertrauenspsalm von David beten, obwohl er wusste, dass er sterben musste?

Gott bleibt mein Vater

Jesus hat den Psalm um ein entscheidendes Wort ergänzt: *Vater.* Jesus ist und bleibt Gottes Sohn, auch im Tod. Gott ist und bleibt sein Vater, auch wenn Jesus vor der unüberwindbaren Wand steht. Auch wenn Gott Abstand hält und nicht eingreift, bleibt er sein Gott. *Doch ich vertraue auf dich, Herr, und sage: »Du bist mein Gott!«* (Psalm 31,15), hat David gebetet. Auch Jesus kann so beten, auch jetzt noch, angesichts des Todes. Auch ich kann so beten, selbst wenn

Sieben Worte für das Leben

ich vor der Wand stehe und wenn meine Hoffnung widerlegt wurde durch die Fakten, die nun mein Leben bestimmen. Dennoch bleibt er mein Gott und ich bleibe sein Kind. Keine Last, die mich niederdrückt, kann an dieser Tatsache etwas ändern. Wenn aussichtsreiche Möglichkeiten sich zerschlagen und wenn Türen zugehen, wenn die Umstände gegen mich sind: Gott als Person ist davon nicht betroffen. Gott als Vater ist beständig, über alle Umstände hinaus.

Und Gott hat noch eine andere Sicht von der Zukunft. Er hat die Wand nicht weggenommen, aber er weiß, wie es dahinter aussieht. Er weiß, wie es weitergeht, auch ohne den ersehnten Arbeitsplatz, auch mit den Spätfolgen einer Operation, auch im Schatten eines Familienzwistes. Er wusste, wie es für Jesus weiterging, nachdem der gestorben war.

Doch ich vertraue auf dich, Herr, und sage: »Du bist mein Gott!« Meine Zukunft liegt in deinen Händen (Psalm 31,15-16a). Das ist ein Gebet, das ich – gern trotzig – vor meiner Wand sprechen darf. Über die Wand komme ich oft nicht hinweg. Aber Gott ist größer. Die Zukunft, die er mir gibt, ist nicht durch meine Wand blockiert. In seine Hände kann ich mich also legen, jeden Abend wieder.

Für heute:

 Sagen Sie Gott, wie groß Ihre Sorgen sind. Aber dann sagen Sie den Sorgen, wie groß Ihr Gott ist!

Das Gespräch meines Herzens

Vater, in deine Hände übergebe ich meinen Geist! Diejenigen, die mit der Bibel vertraut sind, haben für dieses Wort wahrscheinlich einen anderen Wortlaut im Ohr: »In deine Hände befehle ich meine Geist«. So sagt es die Lutherübersetzung nicht nur von Jesus am Kreuz, sondern auch in Psalm 31,6. Was das Wort eigentlich bedeutet, haben wir gestern erfahren: es meint »anvertrauen«, »etwas (zu treuen Händen) übergeben«. »Anbefehlen« ist eine altertümliche Sprachform dafür.

»Anbefehlen«

Heute klingt es merkwürdig – zumindest, wenn man es nicht gedankenlos dahersagt. Beten und zugleich befehlen? Gott etwas befehlen? Das geht natürlich nicht. Und die vielen Gebetsanliegen, die wir »Gott anbefehlen«, sind natürlich kein Kommando an Gott.

Der Befehl richtet sich eher an unsere Anliegen – zum Beispiel an unsere Sorgen. Ihnen »befehlen« wir, dass sie zu Gott gehen sollen. Wir schicken sie zu dem, der sie verändern kann. So machte es auch Jesus, *der nicht mit Beschimpfungen reagierte, als er beschimpft wurde, und nicht mit Vergeltung drohte, als er leiden musste, sondern seine Sache dem übergab, der ein gerechter Richter ist* (1. Petrus 2,23 ngü).

Was aber, wenn ich nicht einzelne Probleme habe, sondern die Probleme mich haben? Wenn also nicht irgendeine Sache schwierig ist, sondern ich selbst beschwert bin, und die Schwierigkeit liegt darin, wie ich damit zurechtkomme?

Ich bete dann nicht für etwas, sondern für mich. Und das kann ich genauso machen, wie Jesus es – im Anschluss an Psalm 31,6 – tat. David und Jesus nahmen nicht eine Sache außerhalb von ihnen in den Blick, sondern ihren »Geist«. Also letztlich sich selbst. Es ist, als ob man sich im Gebet neben sich stellt, auf sein Inneres schaut und das dann zu Gott hinträgt: *In deine Hände lege ich meinen Geist.*

Die Vielfalt der menschlichen Seele

»Geist« meint hier nicht speziell den Heiligen Geist, sondern ist eine Bezeichnung von mehreren, die die Bibel für das Innere des Menschen hat. Gottes Wort spricht
- vom Herzen (damit ist vorwiegend der Wille und das Planen gemeint),
- von der Seele (das ist der Mensch in seiner Vergänglichkeit und Bedürftigkeit),
- vom Geist (das ist der Mensch, wie er sein Leben von Gott empfing, manchmal aber auch die Empfindsamkeit für Gefühle, die auf Gott reagieren),[38]
- von den Nieren (wo nach hebräischem Denken die Gefühle sitzen).

Unsere Redeweise von der Seele umfasst viele dieser Aspekte, auch den »Geist«. Und nun ist es eine Möglichkeit im Gebet, seiner eigenen Seele sozusagen gegenüberzutreten und sie anzureden. Auf diese Weise kann sie wieder »in die Spur kommen«, sich für Gott öffnen und das ordnen, was in ihr durcheinander ist. So zu beten, ist durchaus keine moderne Psychotechnik, sondern eine bewährte Erfahrung aus der Heiligen Schrift.

Anrede an sich selbst

Was bist du so gebeugt, meine Seele, was stöhnst du in mir? Hoffe auf Gott! Denn ich werde ihn noch loben für die Rettung, die von ihm kommt (Psalm 42,6 neü). Dreimal in dem Doppelpsalm 42–43 kommt dieser Aufruf an die eigene Seele vor. Er setzt voraus, dass man erkannt hat, was sich in der eigenen Seele abspielt. Dann bringt man die Seele mit Gott in Verbindung, der sie beruhigen, begradigen oder auch aufmuntern kann.

Gefestigt ist mein Herz, Gott, gefestigt ist mein Herz! Ich will singen und spielen. Wach auf, meine Seele! Wacht auf, Harfe und Zither! Ich will den Tag mit meinem Lied aufwecken (Psalm 57,8-9). Hier erkennt David, dass sein Herz voller Vertrauen ist – nichts kann es aufscheuchen. Das sagt er Gott, sicher voller Dank. Seine Seele aber darf jetzt nicht allzu ruhig bleiben, im Gegenteil! Er redet ihr zu, damit sie in Bewegung kommt, zu Gott hin, und ihn lobt.

Und natürlich gehört auch der bekannte Psalm 103 hierhin: *Preise den Herrn, meine Seele, und all mein Inneres seinen heiligen Namen! Preise den Herrn, meine Seele, und vergiss nicht alle seine Wohltaten!* (Vers 1-2). Wie schon im eben zitierten Psalm 57 kommt es David auch hier nicht auf strikte Unterscheidung an (etwa auf einen Unterschied zwischen Herz und Seele), sondern er will möglichst alles erfassen, was ihn ausmacht. Daher die Formulierung: *all mein Inneres*.

Was in mir ist

Was hat sich im Laufe eines Tages nicht alles in mir angesammelt! Überraschungen, Erfolgsmeldungen, Enttäuschungen, Erschrecken, Jubel, Seufzer, Schmerzen, Verwirrung. Als Beter habe ich die Möglichkeit, all das bewusst wahrzunehmen und zu Gott zu bringen:

- »Was in mir ist – zum Beispiel mein aufrichtiger Stolz über diesen Erfolg: Lobe den Herrn.«
- »Was in mir ist – zum Beispiel dieser Schrecken: Geh zu Gott, der zeigt dir deinen Platz.«
- »Was in mir ist – zum Beispiel die Kopfschmerzen: Ich bringe euch zu Gott. Dann tut ihr mir zwar immer noch weh, aber wir sind vor ihm und er weiß, was ihr mit mir macht und wie lange das noch so gehen wird.«
- »Was in mir ist – zum Beispiel diese komplette Verwirrung: Auf, zu Gott! Lass dich von ihm ordnen!«

Was sich hier abspielt, wenn ich mir so zurede, nennt die Bibel »das Gespräch meines Herzens vor Gott«: *Lass dir wohlgefallen die Rede meines Mundes und das Gespräch meines Herzens vor dir, Herr, mein Fels und mein Erlöser* (Psalm 19,15 lut). Wer geübt ist im Beten und dabei auch in den Bahnen betet, die diese Psalmen vorzeichnen, der ist zugleich geschult darin, sein Inneres zu spüren. Er ist den Regungen des Herzens und der Seele nicht ausgeliefert, sondern er kann ihnen gegenübertreten und sie auf einen Weg schicken – zu Gott.

Wenn die Verwirrung komplett ist

Manchmal freilich ist meine Verwirrung so komplett, dass ich keine Distanz dazu hinbekomme. Ich kann meiner Seele nicht zureden und sie zu Gott schicken, weil ich mit ihr verquickt und verknäult bin. Dann verläuft die Gebetsbewegung andersherum. Ich spreche nicht mit meiner Seele über Gott, sondern mit Gott über meine Seele. Das ist es, was David in Psalm 31,6 tat. Dieser Satz ist ja eine Anrede nicht an sich selbst, sonder an Gott: *Ich lege meinen Geist in deine Hände.* So tat es auch Jesus. Gut möglich, dass er ganz erfüllt war von seinen Schmerzen, von seiner Not und auch von der Last, die er trug, nämlich der *Sünde der Welt* (Johannes 1,29). Mag sein, dass ihm ein Gespräch seines Herzens vor Gott im eben beschriebenen Sinn kaum noch gelang. Mag sein, dass er sich nur noch wie ein Bündel aus all dem gefühlt hat, was in ihm war. Aber so brachte er sich zu seinem Vater: *In deine Hände übergebe ich meinen Geist.*

Wie auch immer es mir gerade geht – ob ich mit meiner Seele über Gott reden kann oder mit Gott über meine Seele: In jedem Fall ist es gut zu beten, weiterzubeten. Das zu beten, was mir eben noch zu beten möglich ist. Und warum nicht auch mit den Worten der Psalmen, die der Seele zureden?

Für heute:

Wie würden Sie das beschreiben, was heute »all Ihr Inneres« ausmacht? Machen Sie jetzt – oder im Laufe des Tages – ein »Gespräch Ihres Herzens vor Gott« daraus.

Ich komme nach Hause

Ich bin in der nordhessischen Stadt Hofgeismar geboren worden. Wir wohnten nahe des Gesundbrunnens. Das ist eine stark eisenhaltige Quelle, die Hofgeismar im 18. Jahrhundert zum Badeort machte. Rund um den Brunnentempel, der über der Quelle errichtet wurde, hatten wir als Kinder unser Revier. Wir tobten durch die Anlagen der dort gelegenen Altenheime, durch den Garten und den schönen Park. Und an heißen Tagen mussten wir bei Durst nicht nach Hause laufen, sondern konnten uns im angenehm kühlen Brunnentempel aufhalten und von dem kalten Brunnenwasser trinken.

Mit zehn Jahren bin ich von dort weggezogen. Mit ungefähr 40 habe ich meinen Geburtsort noch einmal besucht. Natürlich kamen viele starke Erinnerungen von früher empor, aber ein besonderes Erlebnis war es, noch einmal in den Brunnentempel hinabzusteigen und von dem Wasser zu trinken. Der Geschmack der Kindheit! Jahrzehntelang hatte ich den nicht mehr im Mund gehabt. Ich hätte ihn nur noch ungefähr beschreiben können, aber nun war er wieder voll da. Ja, hier war ich zu Hause!

Aromen der Kindheit

Ich kenne noch andere typische Aromen der Kindheit. Meine Großeltern wohnten im Bergischen Land. Wir besuchten sie nicht oft, aber das kleine Haus mit den altmodischen Möbeln und – von besonderer Anziehungskraft für mich – dem Kohleofen war ein faszinierender Ort. Ein paar hundert Meter die Straße hinunter gab es eine Bäckerei, wohin wir manchmal mitgingen, um Brot zu holen. Dieser Duft, der dort immer den Verkaufsraum erfüllte! So roch es nirgendwo sonst. Allein schon dies zu riechen, war wie eine Art Mahlzeit. Erst viele Jahre später habe ich wieder Bäckereien mit diesem Aroma gefunden, und sofort fühlte ich mich in diese alte bergische Bäckerei versetzt.

Unser Zuhause erkennen wir sofort. Sei es am Geruch, sei es an unverwechselbar typischen Stimmen oder einem speziellen Lichtspiel, das durch die Fenster ins Zimmer fällt und das es so nur hier gibt. Für viele ist es ein kostbares Gefühl, nach Hause zu kommen.

»Heim!«

Während meiner Zeit als Pastor hatte ich einmal einen sehr alten Mann zu beerdigen. Er war 94 Jahre alt geworden. Ich hatte ihn nur noch als freundlichen, dementen Mann kennengelernt. Er hatte klare leuchtende Augen, aber ein Gespräch mit ihm war nicht möglich. Er kannte mich nicht und begriff kein Wort. Doch bevor das Kaffeetrinken begann, sprach er – für mich ganz überraschend – ein verständliches sinnvolles Dankgebet.

Ein halbes Jahr später starb er. Sein Sohn, der ihn jeden Tag besucht hatte, berichtete: Das letzte Wort, das sein Vater sagte, war »Heim!« Dieser alte Mann, von Glauben erfüllt, wusste kurz vor seinem Tod, wo er hingehen würde: nach Hause. Heim. Im übertragenen Sinne hatte er den Geschmack seiner himmlischen Heimat schon auf der Zunge.

Jesus starb ähnlich. Er wusste deutlich, dass er nach Hause ging. *In deine Hände übergebe ich meinen Geist*, betete er. Er betonte dabei das von seiner Person, das – wie bei jedem Menschen – unmittelbar von Gott kam: seinen Geist.

Der Lebensgeist des Schöpfers

Denn gerade so schuf Gott ja den Menschen: indem er ihm seinen *Atem des Lebens* einhauchte (1. Mose 2,7). Das ist dasselbe Wort, mit dem auch Gottes Geist und der Geist des Menschen bezeichnet werden. Wir leben, weil Gott uns Lebensgeist gab. *Du sendest deinen Lebenshauch aus: Sie werden geschaffen*, so lautet das Bekenntnis von Psalm 104. Und auch das Gegenteil kommt dort zur Sprache: *Du verbirgst dein Angesicht: Sie erschrecken. Du nimmst ihren Lebensatem weg: Sie vergehen und werden wieder zu Staub* (Psalm 104,29-30). Das Erste davon musste Jesus erleiden: Gott verbarg sein Angesicht vor ihm, als er – zur Sünde geworden – am Kreuz hing. Doch dass ihm das Zweite nicht geschah, darüber war Jesus sich gewiss. Gott würde seinen Geist, seinen Lebensatem nicht wegnehmen, sondern im Gegenteil: ihn aufnehmen. Jesus konnte seinen Geist vertrauensvoll Gott überlassen. *Und der Staub kehrt zur Erde zurück, so wie er gewesen, und der Geist kehrt zu Gott zurück, der ihn gegeben hat* (Prediger 12,7).

Was Jesus zu Beginn von Gott empfing, das gab er nun Gott zurück. Damit ist zugleich gesagt: An den Ort, von dem Jesus kam, durfte er zurückkehren. Sein Ursprung war nun sein Ziel. Die Quelle, aus der er kam, würde ihn nun wieder willkommen heißen. Der Schrecken des Todes ist damit nicht einfach übersprungen. Der Tod ist eine feindliche Macht, auch für Jesus, und er unterwarf sich ihr. Doch dabei kannte er sein letztendliches Ziel.

Bewährung an der Grenze des Lebens

Der Tod ist für mich einer der unbestechlichsten Testfälle für den Glauben. Durchs Leben kann man wohl kommen mit bewährten Maximen und mit weisen Überzeugungen. Doch ob sie wirklich wahr sind, zeigt sich erst an der Grenze des Lebens. Als Pastor habe ich die Kraft der Botschaft von Jesus selten so stark gespürt wie auf Beerdigungen, am Sarg, vor dem offenen Grab. Jeder Trost, der nur in menschlichen Hoffnungen verankert ist, wäre hier sofort in sich zusammengefallen wie ein gerissener Heißluftballon. Doch von der Auferweckung zu reden und davon, dass nach dem Sterben der Gott auf uns wartet, der uns geschaffen hat – diese Botschaft konnte Menschen erreichen. Ich kann mir nicht vorstellen, das Leben auf dieser Erde ohne diese Botschaft zu verlassen. Das wäre ein Ende voller Verzweiflung.

Jeder Mensch ist sehr weit entfernt von seinem Ursprung in Gott. Ich bin meiner Herkunft entfremdet, doch indem Christus mein Leben durch seinen Geist nach und nach in das Bild verwandelt, wie es eigentlich gemeint war, bekomme ich eine Ahnung von meinem Zuhause im Himmel. Und je mehr ich mich von Gottes Vorstellungen prägen lasse, desto stärker schmecke ich das Aroma meiner wahren Heimat.

Als Schöpfer gab Gott mir seinen Lebensatem. Als Neuschöpfer beschenkt er mich mit dem Heiligen Geist. Der sensibilisiert meine geistlichen Geschmacksknospen. Ich darf zu denen gehören, die *die Kräfte der zukünftigen Welt geschmeckt haben* (Hebräer 6,4-5 lut). Ich freue mich auf den Moment, wenn ich in der Ewigkeit diesen Geschmack in ganzer Fülle empfinde und ich dann – wie im Tempel des Gesundbrunnens in Hofgeismar – alles wiedererkenne: Ja, hier komme ich her. Dies ist mein Zuhause.

Für heute:

 Es gilt für Sie und für die Menschen, die Ihnen lieb sind: Niemand fällt am Ende ins Nichts. Ihr Ursprung ist Ihr Ziel.

Was war nun sein letztes Wort?

Vater, in deine Hände übergebe ich meinen Geist! Der Bericht des Lukasevangeliums lässt keinen Zweifel: Dies war das Letzte, was Jesus sagte, bevor er starb.

Die anderen Berichterstatter zeigen es aber durchaus anders! Nach Matthäus und Markus schrie Jesus zuletzt: *Mein Gott, mein Gott, warum hast du mich verlassen?* Und nach Johannes starb Jesus mit den Worten *Es ist vollbracht!*

Wer wissen will, wie es ganz genau gewesen war, der muss mit den Berichten der Evangelien unzufrieden bleiben. Sie zeigen ein bewegendes Bild der letzten Stunden von Jesus, aber an einigen Stellen scheint die Bibel sozusagen eine Linse zu haben, die nicht scharf eingestellt ist. Bis zu einem gewissen Punkt kann man die Angaben von Matthäus, Markus und Lukas miteinander abgleichen: Nach Matthäus und Markus kam zuerst der Verlassenheitsruf und dann ein lauter Schrei. Bei Lukas kann (und sollte) man so übersetzen, dass Jesus erst schrie und dann dem Vater seinen Geist anvertraute.[39] Der Schrei bei Markus kann das Gebet bei Lukas sein, und umgekehrt: Der Schrei bei Lukas kann der Verlassenheitsruf von Markus gewesen sein. Aber haben die Evangelisten ihre Berichte wirklich so gemeint? Und der Unterschied zu Johannes bleibt ja bestehen.

Drei Sichtweisen von Jesus

Wichtiger aber als die Frage, wie es denn damals genau ablief, ist etwas anderes: Welches Bild des sterbenden Jesus ist denn nun das richtige? Ging Jesus als einer aus dem Leben, der von Gott getrennt war und diese Qual bis zuletzt empfand? So wäre es nach Matthäus und Markus. Oder verließ Jesus das Leben geborgen und voller Vertrauen, so wie Lukas es berichtet? Oder war Jesus noch mehr als vertrauensvoll – war er im Tod ein souveräner Sieger? Das ist das Bild bei Johannes.

Nun kann niemand die Fülle von Jesus Christus vollständig erfassen. Jeder kann nur einen Ausschnitt erkennen und dieser Ausschnitt ist das, was Gott jedem Einzelnen anvertraut hat. Das war schon bei den vier Evangelisten so und es ist bei jedem, der über Jesus nachdenkt, und bei jedem, der einfach an ihn glaubt, nicht anders. Jeder hat in einem gewissen Sinne »seinen« Jesus, und das lässt sich auch nicht vermeiden.

Die theologische Prägung meiner Generation betont weithin eher den leidenden Christus: den, der uns in unserem Zerbruch nahe ist und der in die tiefsten Tiefen herabgestiegen ist. In dieser Sichtweise von Jesus liegt eine große Kraft. Es ist letztlich die *Gotteskraft*, die im *Wort vom Kreuz* liegt (1. Korinther 1,18). Diese Sichtweise von Christus hat aber auch ihre Kehrseite: Mir fiel es immer schon leichter, über Karfreitag zu predigen als über Ostern, und ich kenne manche, denen es ähnlich geht. Die Botschaft von Christus als Sieger erscheint uns manchmal sperrig. Wahrscheinlich deshalb, weil unsere zerrissene Welt oft eher nach Karfreitag aussieht als nach Ostern.

Anderen Generationen (und vermutlich auch anderen Kulturen) ist Christus als Sieger besonders kostbar. Auch diese Sichtweise ist unvergleichlich wertvoll. Wir leben im Vorläufigen, warten aber auf Gottes vollkommene Welt und sind – so sagt es Gottes Wort – ja jetzt schon aufgerufen, zu überwinden. Die Auferstehungskraft von Christus ist uns bereits jetzt zugesprochen. Deshalb ist die Sichtweise von Christus als Überwinder unverzichtbar. Wer das aber zu einseitig betont, dem könnte das Mitgefühl für Menschen fehlen, die noch leiden müssen.

Mit welchem Jesus rechne ich?

Es ist also keineswegs nur eine Frage des historischen Ablaufs, wenn wir überlegen, mit welchem »letzten Wort« Jesus denn nun gestorben ist. Die Frage ist vielmehr, was wir von Christus verstanden haben und welche Facetten seiner Fülle wir in unserem Leben erwarten. Es geht darum, mit »welchem Christus« ich jeden Tag rechne: mit dem, der für mich gelitten hat und der mit mir leiden kann, oder mit dem von Gott Getragenen oder mit dem souveränen Sieger.

Im Laufe der letzten Wochen haben wir jedes der Sieben Worte von Jesus am Kreuz genauer beleuchtet. Und dabei konnten wir feststellen, dass jedes Wort wie ein Akkord ist, der laute Töne enthält, aber auch wichtige Nebenklänge. An keiner Stelle ist Jesus *nur* der Verlassene, *nur* der Geborgene, *nur* der Triumphierende. Jedes Wort schließt auch den entgegengesetzten Akzent ein.

Bilder mit inneren Gegensätzen

Ja, Jesus rief gegen Ende aus tiefer Not heraus, dass Gott ihn verlassen hat. Ja, Jesus musste sich verworfen vorkommen. Aber er ließ sich die Anrede *Mein Gott*, die er aus dem 22. Psalm genommen hat, nicht rauben. Er kannte den quälend großen Abstand zum Vater, den die stellvertretend getragene Sünde gerissen hatte – aber er betete so, als würde sein Vater ihn nach wie vor hören. Jesus war verlassen, vielleicht sogar verzweifelt, aber nicht ohne Glauben. Und er betete mit Hilfe eines Psalms, der später auch vom rettenden Gott spricht. In der tiefen Dunkelheit fehlt also die Hoffnung nicht völlig.

Ja, Jesus übergab voller Vertrauen seinen Lebensgeist in Gottes Hände. Aber er musste zugleich wissen, dass er nicht zu der vollen Zuversicht berechtigt war, die den 31. Psalm prägt. Den Gebetssatz von David konnte er nicht einfach weiterbeten bis zum Bekenntnis *Du hast mich erlöst, Herr, du Gott der Treue* (Vers 6). Sein Vertrauensgebet lief hier gegen eine Wand, weil Gott ihn nicht vor dem Tod bewahren würde, wie es in den Vertrauenspsalmen der Fall war. Die Geborgenheit, die in diesem Glaubensgebet liegt, war also eine gebrochene Geborgenheit.

Ja, Jesus konnte zuletzt auf sein Leben und Sterben zurückblicken und sagen: *Es ist vollbracht!* Aber wir haben gesehen, dass das kein Triumphschrei war und keine Siegerpose. Das Vollbringen hat Jesus sich nicht selbst zugute gehalten. Und sein Sieg bestand am Ende ja darin, dass er sich dem Tod unterwarf. Strahlende Gewinner sehen anders aus.

Die drei möglichen »letzten Worte« von Jesus bleiben sehr unterschiedlich, aber sie widersprechen sich von ihrem Gehalt her nicht. Die verschiedenen Gefühle und Erfahrungen liegen in allen Worten nebeneinander, ja ineinander. Man kann sie nicht voneinander trennen und nicht sortieren.

Auch dies macht also das Leiden von Jesus aus: Er starb mit einem Bündel von widersprüchlichen Erfahrungen und Regungen. Er war Überwinder und Verworfener zugleich, er konnte vertrauen und hatte gleichzeitig Grund, aus tiefster Seele zu schreien. Darf man sagen, dass Jesus diesem Gewirr von Gottesnähe und Gottesferne preisgegeben war? Von seiner inneren Zerrissenheit haben wir jedenfalls in der vierten Woche dieser Passionszeit schon gehört. Auch auf diese Weise also hat Jesus gelitten.

Immer mehr die Fülle erfassen

Für mich bleibt die Frage, welche Facette aus den vielfältigen Bedeutungen des Todes von Jesus ich betonen möchte. Ich komme nicht darum herum, dass ich »mein« Bild von Jesus habe, so wie es im Laufe meines Lebens bisher gewachsen ist. Ich sehe an Jesus Dinge, die ich begrüße, weil sie mich ansprechen, und andere, die mir spontan weniger willkommen sind, weil sie mir sperrig erscheinen. Nun habe ich Jesus sieben Wochen in der Passionszeit begleitet. Das bedeutet auch: Ich lasse mir das von Jesus sagen, was bisher nicht so gut in mein Bild von ihm passte. Ich bleibe unterwegs lernend. Ich empfange von Jesus eine Gnade nach der anderen, aber das empfange ich nicht aus meinem engen Bild von ihm, sondern aus seiner ganzen Fülle: *Aus seiner Fülle haben wir alle empfangen, und zwar Gnade um Gnade* (Johannes 1,16).

Für heute:

 Haben Sie im Laufe der letzten Wochen eine Sicht von Jesus kennengelernt, die Ihnen bisher eher fremd war? Warum war sie Ihnen fremd? Welcher Teil der Fülle von Jesus könnte darin für Sie enthalten sein?

Unter dem Kreuz

»Jesus Christus, seit vielen Wochen bin ich mit dir unterwegs gewesen und auf diesen Tag zugegangen. Danke für alles, was ich von dir erfassen konnte. Danke, dass du für mich weit mehr bist als ein Verurteilter oder ein Gescheiterter. Danke, dass ich sehen lernen kann, wie groß deine Bedeutung für mich ist.

In den Stunden deines Sterbens – was haben die Menschen unter deinem Kreuz wohl alles in dir gesehen! Du hast dich ansehen lassen als einen Rebellen, einen Widerstandskämpfer, der seine Strafe verdient hat und zu Recht zwischen den beiden Verbrechern hängt. Du hast das mit dir machen lassen, dass man dich so sah.

Du hast dich ansehen lassen als einen geistesverwirrten Spinner, der vor seinem Richter behauptet hat, er sei ein König, der aber jetzt als Krone nur Dorngestrüpp trägt. Für die, die dich schlugen, warst du eine heitere Abwechslung im Soldatenalltag, eine Belustigung, von der man abends in der Kaserne erzählen konnte. Auch das hast du mit dir machen lassen.

Du hast dich ansehen lassen als einen Propheten der Hoffnung, der bessere Zeiten und die Nähe Gottes ausrief, der aber dann wohl doch zu viel versprochen hat. Jetzt teilst du das Schicksal so vieler Propheten vor dir und wirst von deinem eigenen Volk verworfen – und erst in der Zukunft muss sich erweisen, dass Gott deine Worte eintreffen lässt. Das hast du mit dir machen lassen, dass man dich so sah.

Du hast dich ansehen lassen als den unvergleichlichen Gesandten Gottes, der von den Propheten angekündigt war. Viele glaubten an dich als Messias. Doch dass du als Messias dann sterben musstest, konnte wohl niemand verstehen. Du hast es geschehen lassen, dass man dich als einen widersinnigen, rätselhaften Messias sah.

Du hast dich ansehen lassen als einen Gotteslästerer, der sich leichtfertig angemaßt hatte, heilige Dinge an sich zu reißen. Für diese Menschen hängst du da als jemand, den Gott verurteilt hat: Zum

Glück ist deine Zeit jetzt abgelaufen. Dich auch so zu sehen, hast du zugelassen.

Du hast dich ansehen lassen als einen bis zuletzt verhärteten Sünder. Es wäre guter Brauch gewesen, auf dem Weg zur Hinrichtung Gott anzurufen, deine Sünden zu bekennen und über Vergebung zu bitten. ›Lege dein Sündenbekenntnis ab, denn so gehört es sich, dass alle Hinzurichtenden vorher ihre Sünden bekennen, da jeder, der seine Sünden bekannt hat, an der zukünftigen Welt Teil bekommt‹ – so war es später jüdische Vorschrift. Als du dann doch noch den Mund aufmachtest, schon gekreuzigt, und mit Gott über Vergebung sprachst – aber nicht deine Sünden zugabst, sondern deinen Gegnern vergabst: Wie sollten sie da etwas anderes in dir erkennen als einen hartnäckig unbußfertigen Sünder? Du hast es geschehen lassen, dass manche dich so sahen.[40]

Du wurdest von deinem Vater angesehen als der geliebte Sohn, der in Treue seinen Auftrag bis zu Ende geführt hat, den der Vater sich nun vollends vom Herzen reißen und in die Dunkelheit des Todes geben musste, getroffen von der vollen Wucht der Strafe für fremde Schuld. Hast du am Kreuz noch spüren können, dass du auch so angesehen wurdest?

Jesus, in den Stunden deines Sterbens gingen aber nicht nur Blicke von Menschen zu dir empor, sondern du hast auch die Menschen unter dem Kreuz angesehen.

Du hast deine Mutter gesehen, deine Freundinnen und auch den Schüler, den du besonders liebtest. Du hast ihre Trauer und ihren reißenden Schmerz gesehen und das, was sie nun nicht mehr begreifen konnten. Ihnen zugute bist du gestorben.

Du hast die Plätze unter deinem Kreuz gesehen, wo deine anderen Schüler hätten stehen können – doch sie ließen dich allein. Du konntest ihr Entsetzen und wusstest vielleicht auch, wo sie sich jetzt versteckt hatten. Ihr Platz unter dem Kreuz war nun besetzt von anderen, von Spöttern oder Neugierigen, die jetzt nicht so für dich beteten, wie deine Schüler es hätten tun können. Auch für sie bist du gestorben.

Du hast den Nordafrikaner Simon gesehen, der dir auf dem Weg nach Golgata geholfen hatte, dein Kreuz herzutragen. Du hast gesehen, wie lange er noch da stand und zuschaute und sich vielleicht überlegte, warum er jetzt noch in deine Geschichte verwickelt wurde und ob das für sein weiteres Leben Folgen hätte. Auch ihm zugute bist du gestorben.

Du hast die Zaungäste gesehen, die sich zuvor zwar für Neuigkeiten von dir interessierten, aber gar nicht erfassten, was du wolltest. Wer weiß, vielleicht hätten sie es sogar noch für möglich gehalten, dass du ein letztes großes Wunder tust, und das hätten sie ungern verpasst. Einige von ihnen sind vielleicht weggegangen, als sie sahen, dass dein Tod immer näher kam. Auch für sie bist du gestorben.

Du hast die redlichen Glaubenden gesehen, die eine Weile innerlich mit dir mitgingen, aber dann doch nicht von der Schriftauslegung der Lehrer abweichen konnten. Sie haben dem mehr vertraut, was man ihnen sagte, als dem, was du sagtest. Du hast ihr Kopfschütteln, vielleicht ihr Bedauern gesehen und wie sie sich nicht vorstellen konnten, dass Gott mit dir einverstanden sei. Auch zu ihren Gunsten bist du gestorben.

Du hast die Oberpriester gesehen, die froh waren, dass du – du Problem! – noch rechtzeitig vor dem Sabbat beseitigt werden konntest. Du hast gesehen, wie zufrieden sie waren, dass sie Gottes Ehre erfolgreich zu schützen vermochten. Du hast ihren Spott ertragen. Auch für sie bist du gestorben.

Du hast die Soldaten gesehen, die ihrer Pflicht nachkamen, vielleicht schon an den Feierabend dachten, sich über dein wertvolles Gewand freuten und darüber, dass es schon am Nachmittag mit dir zu Ende ging und sie bald aufräumen konnten. Auch für sie bist du gestorben.

Jesus, und du siehst auch mich: an welcher Stelle ich unter deinem Kreuz gestanden hätte. Mit welchen Gedanken ich zu dir aufgeschaut hätte. Ob ich hätte beten können oder nicht. Ob ich verstanden hätte oder nicht, dass in dir auch meine Sünde am Kreuz hing. Ob ich überhaupt bei dir geblieben wäre oder mich abseits versteckt hätte.

In dem Werk, das du im Begriff warst zu vollbringen, habe auf jeden Fall auch ich meinen Platz. Auch für mich bist du gestorben.

Amen.«

Für heute:

 Finden Sie heute weitere stille Momente, in denen Sie dieses Gebet mit eigenen Worten fortsetzen können?

»Hinabgestiegen in das Reich des Todes«

Nun ist Ruhe, am Tag zwischen Jesus' Tod und seiner Auferweckung. Die, die Jesus verurteilt haben, begrüßten diese Ruhe: Endlich ist er still. Die, die an ihn geglaubt haben, sind wie gelähmt: Er ist nicht mehr da. Sein Körper liegt in der Grabhöhle. Sonst passiert nichts.

Was war mit Jesus in dieser Zeit zwischen Tod und Auferweckung? Was können wir über ihn sagen? Und hat das eine Bedeutung auch für unsere Frage, wo wir nach unserem Tod hingelangen?

Das apostolische Glaubensbekenntnis ist hier recht zurückhaltend. Es sagt, Jesus sei »hinabgestiegen in das Reich des Todes«. Das bedeutet nicht mehr als das, was die meisten Juden zur Zeit von Jesus glaubten: Es gibt ein Totenreich und dort warten die Verstorbenen auf die Auferstehung. Dieser Ort kann – je nach guter oder schlechter Lebensführung – erfreulich oder unangenehm sein. Mehr ist nicht gesagt.

Aber nun ist es Jesus selbst, der mit verschiedenen Ausdrucksweisen von dieser »Karsamstags«-Zeit gesprochen hat. Einige dieser Hinweise finden wir in seinen »Sieben Worten für das Leben«, einige weitere hat Jesus schon vorher gegeben.

In Gottes Händen

Jesus befand sich zunächst dort, wohin er betend seinen Lebensgeist übergeben hatte: in Gottes Händen. Hier war er nun gehalten. Zwar hat derjenige sich selbst buchstäblich »aus der Hand gegeben«, der sich in Gottes Hände flüchtet. Er ist ganz auf die guten Absichten dessen angewiesen, der ihn nun in den Händen hält. Aber Jesus kannte ja seinen Vater wie kein anderer. Er wusste, was er von ihm zu erwarten hatte. In seine Hände konnte er sich gut fallen lassen. *Im Schatten seiner Hand hat er mich verborgen*, sagt der erwählte Diener Gottes in Jesajas Prophetie (Jesaja 49,2). Jesus hat sich mit diesem Diener identifiziert und konnte also auch diese Zusage in Anspruch nehmen. Dann war er also zwischen Karfreitag und Ostern verborgen in Gottes Hand und dort gut aufgehoben.

Im Paradies

Ein anderes von Jesus' Sieben Worten spricht vom Paradies. *Heute wirst du mit mir im Paradies sein*, sagte er dem Verbrecher neben ihm. Jesus selbst war also gewiss, nach seinem Tod ins Paradies zu gelangen. Das ist noch nicht der »Himmel«, die »Ewigkeit«, wie wir sie uns vorstellen. Ein Bibelausleger sagt: »In das Paradies kommen die, welche in dem Herrn sterben, alsbald nach ihrem Tode. Auf die Auferstehung warten sie dort nicht in Pein, sondern in Frieden. Aber sie warten.«[41] Das Paradies ist also noch nicht das volle Glück, noch nicht die volle Gegenwart Gottes. Jesus war noch nicht ganz am Ziel. Aber er war bereits frei von Lasten und Druck.

Im Herzen der Erde

Auch schon längere Zeit vor seiner Passion hatte Jesus davon gesprochen, was mit ihm geschehen würde. Dadurch ergänzt sich unser Bild von Jesus' Zustand am »Karsamstag«. Jesus verglich sich gern mit Jona. *So wie Jona drei Tage und drei Nächte im Bauch des großen Fisches verbracht hat, so wird der Menschensohn drei Tage und drei Nächte im Herzen der Erde sein* (Matthäus 12,40). Aus diesem Wort gewinnen wir wieder einen ganz anderen Eindruck. Im Herzen der Erde – das klingt einerseits geborgen, andererseits aber auch nicht gerade nach Gottesnähe. Auch nach dieser Vorstellung scheint Jesus in einer Art Warteraum bis zur Auferweckung gewesen zu sein.

Beschäftigt mit Vorbereitungen

Es gibt viele Wohnungen im Haus meines Vaters, und ich gehe voraus, um euch einen Platz vorzubereiten. Wenn es nicht so wäre, hätte ich es euch dann so gesagt? Wenn dann alles bereit ist, werde ich kommen und euch holen, damit ihr immer bei mir seid, dort, wo ich bin (Johannes 14,2-3). Das ist ein weiterer Ausblick, den Jesus gab. Er klingt viel aktiver als die bisherigen Vorstellungen. Jesus scheint hier nicht nur passiv zu warten, sondern an etwas zu arbeiten. So wie er sein ganzes irdisches Leben für andere gelebt hat, so ist er auch nach seinem Tod auf dasselbe Ziel ausgerichtet: Er wirkt für seine Nachfolger.

Im Zentrum der Liebe seines Vaters

Eine weitere Antwort ist möglich auf die Frage, an welchem »Ort« sich Jesus nun befand. Dieser Ort ist die Liebe seines Vaters. *Der Vater liebt mich, weil ich mein Leben hingebe, um es wiederzuerlangen* (Johannes 10,17). Jetzt ist Jesus genau zwischen diesen beiden »Stationen« – zwischen der Hingabe und dem Wiedererlangen seines Lebens. Und damit ist er im Zentrum von Gottes Liebe. *Und der mich gesandt hat, ist mit mir; er hat mich nicht allein gelassen, weil ich allezeit das ihm Wohlgefällige tue* (Johannes 8,29). Das war der Normalfall für das Leben von Jesus. An einer einzigen Stelle hat Gott dieser Gewissheit seines Sohnes nicht entsprochen: als er ihn am Kreuz verließ. Nachdem Jesus bis in den Tod treu war, gab es keinen Anlass mehr für den Vater, seinen Sohn allein zu lassen. *Ich richte mich nach den Geboten meines Vaters und lebe in seiner Liebe* (Johannes 15,10 hfa). Das gilt auch jetzt. Er ist im Zentrum seiner Liebe.[42]

Unsere Wissbegierde, unser forschender Verstand wird durch diese Antworten kaum zufriedengestellt. Die einzelnen Beschreibungen passen nicht nahtlos zueinander und lassen zudem viele Punkte offen. Man kann das bedauern – oder auch an dieser Stelle einen Reichtum der Heiligen Schrift erkennen. Die Zeit von Jesus zwischen Karfreitag und Ostern war geheimnisvoll und kann nur in einer ganzen Reihe von Bildern erfasst werden. Jedes von ihnen zeigt aber, dass Jesus im Machtbereich seines Vaters war. Der äußere Anschein – dass am Kreuz jemand gestorben war, den Gott verworfen hatte – war falsch.

Und unsere Toten?

»Wo ist er jetzt nach dem Tod?« Das fragen wir uns meist nicht von Jesus, sondern von denen, die unser Leben begleitet haben und nun gestorben sind. »Ist er schon im Himmel oder in einem Zwischenzustand? Empfindet er etwas?« Die Bibel hat kein Interesse, eine systematische Antwort auf unsere Frage zu geben. Aber das, was Jesus von sich sagte, als er von seinem »Karsamstag« sprach, können wir mit aller Vorsicht auch übertragen auf die Verstorbenen, die an Jesus glaubten. Sie sind in Gottes Händen, in seiner Liebe, auf sie wartet die von Jesus vorbereitete Wohnung, sie sind im geschützten Warteraum des Paradieses, frei von Leid. Müssen wir noch mehr wissen?

Karsamstage in unserem Leben

Wir leben nach Ostern. Die Auferstehungskraft Gottes hat an Jesus gewirkt und sie wirkt auch in unserem Leben (Epheser 1,19-20). Dennoch fallen wir erfahrungsgemäß immer wieder hinter diese Kraft zurück. Wir gehen nicht aus jedem Problem als Sieger hervor. Wir leben nicht immer in der vollen Gewissheit unseres Glaubens. Viele Tage fühlen sich für uns an wie Karsamstag: Ja, Jesus ist für uns gestorben, wir sind erlöst, aber Gott hat die Osterkräfte noch nicht in vollem Maß in unserem Leben ausgelöst. Jedenfalls finden wir nicht immer Zugang dazu. Es ist ruhig, still, nichts tut sich – so wie die Jünger von Jesus den Tag nach Karfreitag erlebten.

Solche »Karsamstage« werden wir wohl nie ganz abschütteln können. Aber auch an ihnen bleibt uns das, was Jesus an seinem Karsamstag erfuhr: Wir bleiben in Gottes Liebe. Von diesem Ort kann uns niemand wegziehen und auch wir selbst können aus Gottes Liebe nicht weglaufen. Das ist zwar noch nicht die ganze Osterfülle. Aber es ist schon unermesslich viel.

Für heute:

Wann haben Sie das letzte Mal einen »Karsamstag« erlebt? Können Sie ihn nun neu bewerten und ihm noch eine Nähe zu Gott abgewinnen?

Ostersonntag

Das Land der Lebendigen

Der Herr ist auferstanden! Das Warten ist zu Ende. Gottes Kraft ist in vollem Maß wirksam geworden. Sie hat an seinem Sohn gewirkt und von da aus wirkt sie weiter – auch bei uns. Diese Aussicht ist uns gegeben: *Ihr sollt erfahren, mit welch unermesslich großer Kraft Gott in uns, den Glaubenden, wirkt. Ist es doch dieselbe Kraft, mit der er Christus von den Toten auferweckte und ihm den Ehrenplatz an seiner rechten Seite gab!* (Epheser 1,19-20 hfa).

Jesus ist durch große Tiefen gegangen, bis er am Ostermorgen auferweckt und zum Sieg geführt wurde. Wir haben ihn auf seinem Weg durch die Tiefe begleitet. Unter dem Vielen, was er aufgeben musste, war auch Gottes Wort gewesen: Die Gebete, die er am Passahfest mit allen anderen Feiernden betete, konnte er nicht mehr ganz für sich gelten lassen. Die Rettung vor dem Tod, die dort besungen wurde, war ihm verwehrt.

Das volle Wort Gottes

Jetzt aber, am Auferstehungstag, ist ihm das volle Wort Gottes zugänglich. Die Versprechen Gottes stehen ihm vollständig zu. Die Dank- und Siegeslieder der Passahfest-Psalmen dürfen jetzt endlich aufklingen.

Dazu gehört der 116. Psalm. *Ich werde wandeln vor dem Herrn im Lande der Lebendigen* (Vers 9 lut). Jetzt kann Jesus das von sich sagen – und er sagt uns damit, was dieser Ostersonntag bedeutet: Er ist das Tor zum Land der Lebendigen.

Dieses Land breitet sich nun vor uns aus. Gott hat es ausgestattet mit allem, was wir zum Leben brauchen und was unser Auge erfreut. Gottes Geist hilft uns, es zu erkunden. Er lässt uns die Plätze im Land der Lebendigen finden, die er für jeden Einzelnen vorbereitet hat. Mehr noch als das üppige Leben in diesem Land ist aber Gott selbst unser Glück. *Deine Augen werden den König schauen in seiner Schönheit, sehen werden sie ein weithin offenes Land* (Jesaja 33,17). Der König steht im Vordergrund, dann erst kommt das weite Land.

Erinnern Sie sich noch an das Gleichnis vom Brunnenbohrer? Es wurde am Dienstag vor einer Woche erzählt. Der Brunnenbohrer hat das Entscheidende dafür getan, dass die Quelle sprudelt. Nun breiten sich die Leben spendenden Wasserströme überall aus – im Land der Lebendigen. So ist das Leben, das Jesus für uns freigesetzt hat.

Der zentrale Eckstein

Wenn Jesus nun Anspruch auf alle Gebete des Passahfestes hat, dann auch auf das Bekenntnis aus Psalm 118: *Der Stein, den die Bauleute verworfen haben, ist zum Eckstein geworden. Vom Herrn ist dies geschehen, es ist ein Wunder vor unseren Augen* (Vers 22-23). Bevor der Ostermorgen anbrach, hatte Jesus nur den Anfang erlebt: Er war von den Bauleuten verworfen worden. Nun aber ist er von Gott als Eckstein eingesetzt. Er ist der Punkt, auf den alles zuläuft und in dem alles zusammengefügt ist und Stabilität erhält. Ja, Jesus ist »das Zentrum der Geschichte, er ist der Anker in der Zeit« – der Eckstein eben.

Osterklang bekommt auch ein Passahgebet wie Psalm 113,7-8, das von Gott sagt: *Er holt die Armen aus dem Staub heraus und die Hilflosen aus dem Schmutz. Er gibt ihnen einen Platz neben Fürsten, ja, neben den Fürsten seines Volkes.* In der Tat – Gott hat seinen Sohn aus dem Staub, aus dem Tod geholt. Die Verheißung dieses Psalms ist nun sogar noch übertroffen: Jesus ist nicht den Fürsten gleichgestellt, sondern bekommt den Ehrenplatz an Gottes rechter Seite. So sieht ein Sieg aus!

Grenzenlos ausgespannt

Das Land der Lebendigen breitet sich weithin aus. Es ist für alle Bewohner der Welt da – wenn sie dem Auferstandenen vertrauen.

Psalm 117, ein weiteres Gebet aus der Passahliturgie, kommt jetzt voll zur Geltung: *Lobt den Herrn, all ihr Völker. Lobt ihn, alle Menschen auf Erden* (Vers 1). Die Lebenskraft Gottes – stärker als der Tod – ist unbegrenzt. Der Strom des Lebens erreicht alle Nationen.

Dieser Ostersonntag ist Gottes großes Geschenk an seine Kinder: Sie haben Anrecht auf Ihren Platz im Land der Lebendigen. Es ist noch längst nicht vollständig ausgekundschaftet. Es liegt weit ausgespannt vor Ihnen.

Für heute:

 Dies ist der Tag, den der Herr gemacht hat! Seien wir fröhlich und freuen wir uns in ihm! (Psalm 118,24).

Anmerkungen

1 Mit dem ersten Wort (nach der traditionellen Zählung) steigt man
  gleich in ein gewichtiges, ernstes Thema ein: Schuld und Vergebung.
  Nicht gerade ein leichtfüßiger Auftakt. Innerhalb der Bibel ist dieses
  Jesuswort (Lukas 23,34a) jedoch nicht fest verankert. Es wird von
  den ältesten Handschriften nicht bezeugt, könnte also später in die
  Evangelienüberlieferung eingedrungen sein. Die *Sache* jedoch – dass
  Jesus seinen Gegnern vergibt – ist in den letzten Worten von Jesus klar
  vorhanden. Die Betrachtung am Montag der fünften Woche wird das
  zeigen.
2 Zitat aus dem Gedicht »beten um beten zu können«, aus Kurt Marti:
  geduld und revolte. Die gedichte am rand. Neuausgabe, Stuttgart 2002,
  18-19.
3 Gustaf Dalman: Jesus – Jeschua. Leipzig 1922 (= Darmstadt 1967), 180.
4 Eric Metaxas: Bonhoeffer. Pastor, Agent, Märtyrer und Prophet. Holzgerlingen 2011, 665.
5 Sueton, Caligula 32.
6 Apg 1,17; 15,13; 21,18; Gal 1,19; Jak 1,1; Jud 1.
7 Dietrich Bonhoeffer: Gemeinsames Leben. München [18] 1982, 23-24.26-27.
8 A.a.O., 14.
9 Eine Sammlung von so gut wie allen Gebeten der Bibel, eingeteilt für
  jeden Tag des Jahres, ist das Buch: Ulrich Wendel (Hrsg.), Du hörst mein
  Gebet. 365 Tage mit der Bibel beten, Witten 2012. Hier findet sich auch
  eine ausführlichere Einführung in das persönliche Psalmenbeten.
10 Dietrich Bonhoeffer: Die Psalmen. Das Gebetbuch der Bibel – Eine
  Einführung. Gießen / Bad Salzuflen [14]1995, 19.
11 Aufzuzählen sind die Gleichnisse
  vom treuen Haushalter, Lk 12,42ff,
  vom treulosen Weingärtner, Mt 21,33ff,
  von den anvertrauten Talenten, Mt 25,14ff,
  von den wachsamen Knechten, Lk 12,35ff,
  vom Haushalter, der Altes und Neues verwaltet, Mt 13,52,
  von den ungleichen Söhnen, Mt 21,28ff.
  Ähnlich auch das Gleichnis von den zehn Jungfrauen, Mt 25,1ff.
  Beim »Ungerechten Haushalter«, Lk 16,1ff, ist vorausgesetzt, dass
  der Haushalter allein gelassen worden war, ähnlich wohl auch beim
  »Unbarmherzigen Knecht« Mt 18,23ff.

12 Adolf Pohl: Das Evangelium des Markus. Wuppertaler Studienbibel, Witten ²2011, 272.

13 Aus: Arbeitsgemeinschaft Missionarische Dienste (Hrsg.), Für jeden neuen Tag 27, Stuttgart 1998, S. 13.

14 Zitiert nach: Paul-Werner Scheele (Hrsg.), Halleluja – Amen. Gebete Israels aus drei Jahrtausenden. Paderborn 1974, 53. Dieses Werk zitiert J. Oesterreicher, Die Wiederentdeckung des Judentums durch die Kirche, Meitingen 1971, 42.

15 Aus: Mit der Bibel durch das Jahr 1999, Stuttgart 1998, XVII.

16 Gustaf Dalman: Jesus – Jeschua. Leipzig 1922 (= Darmstadt 1967), 189.

17 Johannes 11,3b (der, den du lieb hast); 2,24; 14,2; Lukas 9,58.

18 A.a.O. (Anm. 16), 187f.

19 A.a.O., 188.

20 Das Bild, das sich schon in der ersten Woche der Passionszeit gezeigt hat, bestätigt sich hier: Jesus betete um Vergebung für seine Feinde. Dieses Bibelwort ist in den ältesten Handschriften des Lukasevangeliums nicht enthalten – möglicherweise gehört es nicht zum ursprünglichen Bibeltext. Aber sein Inhalt ist vollständig zutreffend. Es wird bestätigt dadurch, dass der durstige Jesus nichts aus Psalm 69,23-29 betete.

21 Gary Chapman: Die fünf Sprachen der Liebe. Marburg 2008.

22 Johannes 15,11; Matthäus 11,28; Johannes 4,23; 1. Korinther 7,23 db; Kolosser 3,23-24; Philipper 4,6; Johannes 15,9.

23 Hanne Baar: Wollen, was Gott will oder Das feine, freie Zusammenspiel von Wille und Gewissen. In: dies., Gott macht das Schwache stark. Essays zum Nachspüren. Rottendorf 1999, 15-19.

24 Wenn Sie dem Zusammenhang von Gottes Willen und Ihrem eigenen Willen noch tiefer nachgehen möchten, empfehle ich Ihnen das 10. Kapitel »Klären, was ich wirklich will« des Buches von Peter Höhn: Glauben mit Herz – Leben mit Sinn. Witten 2012, 103-117.

25 Shulamit Lapid: Die Geliebte auf dem Berg. München 2002, 260f.

26 Markus 1,31; Johannes 4,7; Lukas 9,56; 10,40; 5,29; 19,6-7; 7,36.

27 Eugene Peterson: Der verlorene Hirte. Wie Gott geistliche Leiter aus der Wüste führt. Wuppertal 2000, 131.

28 So die Zürcher Bibel. »Vollbracht« sagen hier auch die Neue evangelistische Übersetzung, die Schlachter-Übersetzung und die Neue Genfer Übersetzung. Im hebräischen Grundtext steht allerdings ein anderes Wort als das aramäische Wort, das Jesus vermutlich am Kreuz ausgesprochen hat. Die griechische Übersetzung des Alten Testaments (Septuaginta) hat ebenfalls ein anderes Wort als der griechische Text von Johannes 19,30.

29 Dietrich Bonhoeffer: Widerstand und Ergebung, Gütersloh [13]1985, 115 (Brief an Eberhard Bethge vom 23.2.1944). Die Erwähnung der »Kunst der Fuge« bezieht sich auf die gleichnamige letzte Komposition von Johann Sebastian Bach – sein Meisterwerk und eine Art Zusammenfassung seiner Kunst. Kurz vor Vollendung des letzten Satzes starb Bach. In vielen Aufführungen wird darauf verzichtet, die nacheinander abbrechenden, quasi lose in der Luft hängenden Stimmen zu einem Schlussakkord zu vervollständigen, sondern man lässt das Stück so unvollendet ausklingen, wie es auf Bachs Notenpapier steht. Auf diese Weise hört man gleichsam Bachs Tod mit. Dennoch ist das Stück im tiefsten Sinne vollkommen und von seinem Gehalt her nicht unvollständig.

30 Claus Westermann: Tausend Jahre und ein Tag. Unsere Zeit im Alten Testament, Stuttgart 1965, 35.

31 Im Laufe der Jahrhunderte wurde dieses Gleichnis von verschiedenen Kirchenlehrern und Autoren in unterschiedlichen Varianten verwendet. Eine frühe Version findet sich bei Gregor von Nyssa (330–395). Aber auch noch Martin Luther hat darauf Bezug genommen. Im Hintergrund steht Hiob 40,25-26 – Verse, die allegorisch auf Christus gedeutet wurden: *Ziehst du den Leviatan mit der Angel herbei, und hältst du mit dem Seil seine Zunge nieder? Kannst du einen Binsenstrick durch seine Nase ziehen und mit einem Dorn seine Kinnlade durchbohren?*

32 Dietrich Bonhoeffer, Widerstand und Ergebung, Gütersloh [13]1985, 183. Brief vom 21.7.1944.

33 So der Titel seines Buches; Holzgerlingen [7]2012.

34 Die Schriftstellen, die hier zusammengefasst wurden, sind folgende: 1. Mose 22,1-14; 2. Samuel 24,1-17 und 18-25; 2. Chronik 3,1-2 (diese Schlüsselstelle zeigt auf, dass die Tenne von Arauna, die zum Tempelplatz wird, auf dem Berg Morija liegt); Matthäus 27,33.50; Johannes 1,29; Jesaja 2,2-5; Hebräer 12,22; Offenbarung 14,1; 21,10. Der ganze Zusammenhang wird ausführlicher dargestellt in der Einführung der Orientierungsbibel, Witten 2012, Seite *27-*28.

35 Eingehend hat Henri J.M. Nouwen die Hände auf dem Gemälde beschrieben in: Nimm sein Bild in dein Herz. Geistliche Deutung eines Gemäldes von Rembrandt. Freiburg [12]1991, 118-120.

36 Zitiert nach Gustaf Dalman: Jesus – Jeschua. Leipzig 1922 (= Darmstadt 1967), 189.

37 Ulrich Wendel, 1996.

38 Paulus hat viel zu sagen über Gottes Geist *(pneuma)*, aber er spricht mit demselben Wort, *pneuma*, auch vom Menschen. Der menschliche »Geist« kann erfreut werden, in Zorn geraten, Gewissheit empfangen

oder in Unruhe sein (Apostelgeschichte 17,16; Römer 8,16; 1. Korinther 16,18; 2. Korinther 2,13; 7,13). In allen diesen Fällen ist die Empfindung ein Geschenk oder eine Wegweisung von Gott.

39 Karl Bornhäuser macht darauf aufmerksam, dass Lukas 23,46 exakt so zu übersetzen wäre: *Und nachdem Jesus mit lauter Stimme geschrien hatte, sagte er: Vater, in deine Hände übergebe ich meinen Geist. Dann hauchte er seinen Geist aus.* (Karl Bornhäuser: Die Leidens- und Auferstehungsgeschichte Jesu, Gütersloh 1947, 121f).

40 Dieser Gedanke und das Talmudzitat (Sanhedrin VI, 2) nach Karl Bornhäuser: Die Leidens- und Auferstehungsgeschichte Jesu, Gütersloh 1947, 117.

41 A.a.O.

42 Die kirchliche Lehre hat noch einen weiteren Hinweis gefunden auf Jesus' Werk zwischen Tod und Auferweckung. Man lehrt, er sei im Totenreich gewesen, um dort den Verstorbenen das Evangelium zu predigen. Die Schriftstellen, die dieser Annahme zugrunde liegen (1. Petrus 3,19-20; 4,6), sind nicht so klar und sie geben auch keine eigenen Worte von Jesus wieder. Es ist nicht eindeutig, ob sie wirklich den Zeitpunkt meinen, nach dem wir hier fragen. Jesus hat nach 1. Petrus 3,19-20 den Weg ins *Gefängnis*, um dort *den Geistern* zu predigen, *im Geist* zurückgelegt. Doch *im Geist* ist in diesem Zusammenhang (Vers 18) der Auferweckung zugeordnet, so dass man fragen kann, ob dieser Aufenthalt im *Gefängnis* unbedingt direkt nach dem Kreuzestod gewesen sein musste. Insgesamt ist der Sinn dieser Schriftstelle schwierig zu ermitteln. Aber widersprechen würde diese Lehre dem, was wir bisher von Jesus gehört haben, nicht.